民法
(相続関係)
改正法の概要

京都大学教授

潮見佳男 編著

一般社団法人 **金融財政事情研究会**

はしがき

　今般、相続法全体を見直す民法改正がされた。2018年（平成30年）7月6日に成立した民法の一部改正法と「法務局における遺言書の保管等に関する法律」（遺言書保管法）は、同月13日に、それぞれ、平成30年法律第72号・73号として公布された。この改正のうち、遺言の方式緩和については既に2019年（平成31年）1月13日に施行されており、他の改正部分も、原則的には2019年（令和元年）7月1日、配偶者居住権・短期居住権関係は2020年（令和2年）4月1日、遺言書保管法は2020年（令和2年）7月10日に施行されることとなっている。

　この改正について、立案担当者による解説は、今日までに、堂薗幹一郎＝神吉康二編著『概説 改正相続法』（金融財政事情研究会、2019年）と、堂薗幹一郎＝野口宣大編著『一問一答 新しい相続法』（商事法務、2019年）が刊行されている。他方、今回の改正に直結する法制審議会民法（相続関係）部会の審議内容の概要を、部会審議の全容を踏まえ、部会資料に沿い、できる限り客観的かつ簡明に叙述した書物も、今回の改正の論点と改正内容の骨子を知る上で、今後の研究・教育、実務にとって必要である。後者の観点から書かれた概説書は、同部会における各回の議事録を精査し、立案段階での検討内容についての理解を深めるための手がかりとなるものでもある。また、上記の立案担当者による解説と併読すると、双方の利用価値も相互に高まるのではないかとも思うところである。

　ところで、私自身、2017年（平成29年）の民法（債権関係）の改正に合わせて、上述したのと同様の企図から、『民法（債権関係）改正法の概要』（金融財政事情研究会、2017年）を出版した。債権法改正に関しては、同書に託したところは、自らの期待をはるかに超えて達成できたようである。

　本書も、『民法（債権関係）改正法の概要』と同様の企図のもと、刊行をするものである。もっとも、私自身は、前著では単著者として関わることができたのに対して、その後、2018年（平成30年）4月より、京都大学副学長

（法務・コンプライアンス担当）の職を拝命し、その職務負担の質量両面での重さゆえ、同じ形で刊行に関わることが困難となった。そのため、今回は編著者として関与し、各箇所の執筆は、日頃より交流があり、相続法の分野のみならず、今回の改正にも精通し、本書の目指すところにご理解をいただいた方々にもお願いすることとした。私と同様、昼夜多忙を極めている執筆者各位には、時間を割いて優れた論考を執筆していただき、編著者として厚く感謝する次第である。また、下村信江近畿大学教授には、前著でお手伝いをいただいた延長線上で、各執筆者の原稿を通読していただいた上に、改正要綱との対照表の作成までお願いし、快くお引き受けいただいた。

　本書の出版にあたっては、企画段階から、前著と同様、「金融法務事情」編集長の高橋仁氏に、多大のご尽力をいただいた。金融法学会、関西金融法務懇談会ほかでの平素のご厚情への御礼も込めて、心よりの感謝を申し上げる。

2019年4月

編著者として

潮見　佳男

編著者・著者一覧（所属は2019年4月現在）

〈編著者〉

潮見　佳男（しおみ　よしお）　　京都大学教授

〈著　者〉（50音順）

石田　剛（いしだ　たけし）　　一橋大学教授

窪田　充見（くぼた　あつみ）　　神戸大学教授

冷水登紀代（しみず　ときよ）　　甲南大学教授

下村　信江（しもむら　としえ）　　近畿大学教授

白石　大（しらいし　だい）　　早稲田大学教授

前田　陽一（まえだ　よういち）　　立教大学教授

増田　勝久（ますだ　かつひさ）　　増田・飯田法律事務所　弁護士

村田　大樹（むらた　だいじゅ）　　関西大学教授

吉永　一行（よしなが　かずゆき）　　東北大学教授

渡邊　力（わたなべ　つとむ）　　関西学院大学教授

目　次

第1部　民　法

1　相続財産に関する費用［改正前民法885条2項──削除］〔前田陽一〕…2
2　共同相続における権利の承継の対抗要件［第899条の2］〔白石　大〕…2
3　遺言による相続分の指定［改正前民法902条1項ただし書──削除］
　　…………………………………………………………………〔前田陽一〕…9
4　相続分の指定がある場合の債権者の権利の行使［第902条の2］
　　…………………………………………………………………〔白石　大〕…10
5　特別受益者の相続分［第903条］
　　……………………………[(1)〜(3)、(5)〜(7)=村田大樹、(4)=前田陽一］…14
6　遺産の分割前に遺産に属する財産が処分された場合の遺産の範囲
　　［第906条の2］……………………………………………〔村田大樹〕…21
7　遺産の分割の協議または審判等［第907条］………………〔村田大樹〕…27
8　遺産の分割前における預貯金債権の行使［第909条の2］〔白石　大〕…31
9　包括遺贈および特定遺贈［改正前民法964条ただし書──削除］
　　…………………………………………………………………〔前田陽一〕…36
10　自筆証書遺言［第968条］………………………………〔冷水登紀代〕…37
11　秘密証書遺言［第970条］………………………………〔冷水登紀代〕…41
12　普通の方式による遺言の規定の準用［第982条］………〔冷水登紀代〕…42
13　遺贈義務者の引渡義務［第998条］………………………〔渡邊　力〕…42
14　第三者の権利の目的である財産の遺贈［改正前民法第1000条──削
　　除］…………………………………………………………〔渡邊　力〕…46
15　遺言執行者の任務の開始［第1007条］……………………〔吉永一行〕…47
16　遺言執行者の権利義務［第1012条］………………………〔吉永一行〕…48

17 遺言の執行の妨害行為の禁止［第1013条］……………〔吉永一行〕…50
18 特定財産に関する遺言の執行［第1014条］……………〔吉永一行〕…51
19 遺言執行者の行為の効果［第1015条］……………………〔吉永一行〕…54
20 遺言執行者の復任権［第1016条］…………………………〔吉永一行〕…56
21 撤回された遺言の効力［第1025条］………………………〔冷水登紀代〕…57
22 配偶者居住権［第1028条］……………………………………〔石田　剛〕…58
23 審判による配偶者居住権の取得［第1029条］……………〔石田　剛〕…64
24 配偶者居住権の存続期間［第1030条］……………………〔石田　剛〕…67
25 配偶者居住権の登記等［第1031条］………………………〔石田　剛〕…69
26 配偶者による使用および収益［第1032条］………………〔石田　剛〕…72
27 居住建物の修繕等［第1033条］……………………………〔石田　剛〕…75
28 居住建物の費用の負担［第1034条］………………………〔石田　剛〕…77
29 居住建物の返還等［第1035条］……………………………〔石田　剛〕…78
30 使用貸借および賃貸借の規定の準用［第1036条］………〔石田　剛〕…80
31 配偶者短期居住権［第1037条］……………………………〔潮見佳男〕…81
32 配偶者による使用［第1038条］……………………………〔潮見佳男〕…90
33 配偶者居住権の取得による配偶者短期居住権の消滅［第1039条］
　　………………………………………………………………〔潮見佳男〕…91
34 居住建物の返還等［第1040条］……………………………〔潮見佳男〕…92
35 使用貸借等の規定の準用［第1041条］……………………〔潮見佳男〕…95
36 遺留分の帰属およびその割合［改正前民法1028条──削除（改正後
　　の民法1042条に対応）］……………………………………〔前田陽一〕…98
37 遺留分算定の基礎［改正前民法1029条──削除（改正後の民法1043
　　条に対応）］…………………………………………………〔前田陽一〕…98
38 遺留分の算定と贈与［改正前民法1030条──削除（改正後の民法
　　1044条に対応）］……………………………………………〔前田陽一〕…99

目次

39 遺贈または贈与の減殺請求［改正前民法1031条——削除（改正後の民法1046条1項に対応）］………………………………〔前田陽一〕…99

40 条件付権利等の贈与または遺贈の一部の減殺［改正前民法1032条——削除（改正後の民法1046条2項に対応）］………〔前田陽一〕…100

41 贈与と遺贈の減殺の順序［改正前民法1033条——削除（改正後の民法1047条1項1号に対応）］………………………〔前田陽一〕…101

42 遺贈の減殺の割合［改正前民法1034条——削除（改正後の民法1047条1項2号に対応）］………………………………〔前田陽一〕…101

43 贈与の減殺の順序［改正前民法1035条——削除（改正後の民法1047条1項3号に対応）］………………………………〔前田陽一〕…102

44 受贈者による果実の返還［改正前民法1036条——削除（改正後の民法1046条2項に対応）］…………………………〔前田陽一〕…103

45 受贈者の無資力による損失の負担［改正前民法1037条——削除（改正後の民法1047条4項に対応）］………………〔前田陽一〕…103

46 負担付贈与の減殺請求［改正前民法1038条——削除（改正後の民法1045条1項に対応）］……………………………〔前田陽一〕…103

47 不相当な対価による有償行為［改正前民法1039条——削除（改正後の民法1045条2項に対応）］………………………〔前田陽一〕…104

48 受贈者が贈与の目的を譲渡した場合等［改正前民法1040条——削除］………………………………………………………〔前田陽一〕…105

49 遺留分権利者に対する価額による弁償［改正前民法1041条——削除］………………………………………………………〔前田陽一〕…105

50 減殺請求権の期間の制限［改正前民法1042条——修正して改正後の民法1048条に移設］……………………………〔前田陽一〕…106

51 遺留分の放棄［改正前民法1043条——改正後の民法1049条に移設］………………………………………………………〔前田陽一〕…106

52 代襲相続および相続分の規定の準用［改正前民法1044条──削除］
　　　　　　　　　　　　　　　　　　　　　　　　　　〔前田陽一〕…106
53 遺留分の帰属およびその割合［第1042条］…………〔前田陽一〕…107
54 遺留分を算定するための財産の価額［第1043条］……〔前田陽一〕…108
55 贈与の価額の算入［第1044条］…………………………〔前田陽一〕…109
56 負担付贈与と不相当な対価をもってした有償行為［第1045条］
　　　　　　　　　　　　　　　　　　　　　　　　　　〔前田陽一〕…112
57 遺留分侵害額の請求［第1046条］………………………〔前田陽一〕…114
58 受遺者または受贈者の負担額［第1047条］……………〔前田陽一〕…119
59 遺留分侵害額請求権の期間の制限［第1048条］………〔前田陽一〕…126
60 遺留分の放棄［第1049条］………………………………〔前田陽一〕…127
61 特別の寄与［第1050条］…………………………………〔窪田充見〕…128

第2部　家事事件手続法

1 民法1050条（特別の寄与（第1部61））に関連する改正［第3条の11、第3条の14、第216条の2、第216条の3、第216条の4、第216条の5、第233条、第240条］……………………〔窪田充見〕…134
2 民法909条の2（遺産の分割前における預貯金債権の行使（第1部8））に関連する改正［第200条］……………………〔村田大樹〕…137
3 民法1012条（遺言執行者の権利義務（第1部16））に関連する改正［第215条］……………………………………………〔吉永一行〕…141
4 民法1043条（遺留分を算定するための財産の価額（第1部54））に関連する改正［第216条］……………………………〔前田陽一〕…142

第3部　経過措置（附則）

1. 施行期日［第1条］……………………………〔増田勝久〕…146
2. 民法の一部改正に伴う経過措置の原則［第2条］………〔増田勝久〕…148
3. 共同相続における権利の承継の対抗要件に関する経過措置［第3条］
   ……………………………………………〔増田勝久〕…149
4. 夫婦間における居住用不動産の遺贈または贈与に関する経過措置
   ［第4条］…………………………………〔増田勝久〕…149
5. 遺産の分割前における預貯金債権の行使に関する経過措置［第5条］
   ……………………………………………〔増田勝久〕…150
6. 自筆証書遺言の方式に関する経過措置［第6条］………〔増田勝久〕…151
7. 遺贈義務者の引渡義務等に関する経過措置［第7条］…〔増田勝久〕…151
8. 遺言執行者の権利義務等に関する経過措置［第8条］…〔増田勝久〕…152
9. 撤回された遺言の効力に関する経過措置［第9条］……〔増田勝久〕…153
10. 配偶者の居住の権利に関する経過措置［第10条］………〔増田勝久〕…153
11. 家事事件手続法の一部改正に伴う経過措置［第11条］…〔増田勝久〕…154

第4部　法務局における遺言書の保管等に関する法律

前注―本法の趣旨……………………………………〔冷水登紀代〕…158
1. 趣　　旨［第1条］………………………………〔冷水登紀代〕…159
2. 遺言書保管所［第2条］…………………………〔冷水登紀代〕…160
3. 遺言書保管官［第3条］…………………………〔冷水登紀代〕…161
4. 遺言書の保管の申請［第4条］…………………〔冷水登紀代〕…161
5. 遺言書保管官による本人確認［第5条］………〔冷水登紀代〕…163
6. 遺言書の保管等［第6条］………………………〔冷水登紀代〕…164
7. 遺言書に係る情報の管理［第7条］……………〔冷水登紀代〕…166

目　次

- ⑧　遺言書の保管の申請の撤回［第 8 条］……………〔冷水登紀代〕…167
- ⑨　遺言書情報証明書の交付等［第 9 条］……………〔冷水登紀代〕…168
- ⑩　遺言書保管事実証明書の交付［第10条］…………〔冷水登紀代〕…174
- ⑪　遺言書の検認の適用除外［第11条］………………〔冷水登紀代〕…174
- ⑫　手　数　料［第12条］…………………………………〔冷水登紀代〕…175
- ⑬　行政手続法の適用除外［第13条］…………………〔冷水登紀代〕…176
- ⑭　行政機関の保有する情報の公開に関する法律の適用除外［第14条］
　　……………………………………………………………〔冷水登紀代〕…176
- ⑮　行政機関の保有する個人情報の保護に関する法律の適用除外［第15条］
　　……………………………………………………………〔冷水登紀代〕…177
- ⑯　審査請求［第16条］……………………………………〔冷水登紀代〕…177
- ⑰　行政不服審査法の適用除外［第17条］……………〔冷水登紀代〕…179
- ⑱　政令への委任［第18条］………………………………〔冷水登紀代〕…179
- ⑲　附　　則……………………………………………………〔冷水登紀代〕…180

資料

1. 【要綱順】民法の一部を改正する法律案要綱と改正条文の対照表
　　……………………………………………………………〔下村信江〕…181
2. 【条文順】民法の一部を改正する法律案要綱と改正条文の対照表
　　……………………………………………………………〔下村信江〕…190
3. 家事事件手続法の一部を改正する法律案要綱と改正条文の対照表
　　……………………………………………………………〔下村信江〕…199
4. 民法（相続関係）部会の資料等一覧……………………………200

凡　例

〈民法の表記方法〉

・「**改正後の民法**」民法及び家事事件手続法の一部を改正する法律（平成30年法律第72号）による改正後の民法
・「**改正前民法**」民法及び家事事件手続法の一部を改正する法律（平成30年法律第72号）による改正前の民法

〈法制審議会関連の略称〉

・「**部会**」法制審議会民法（相続関係）部会
　※部会資料および部会議事録の頁数は、法務省ウェブサイト掲載のPDF版より引用
・「**中間試案**」民法（相続関係）等の改正に関する中間試案
・「**追加試案**」中間試案後に追加された民法（相続関係）等の改正に関する試案

〈引用判例の表記方法〉

　（例）昭和44年11月21日最高裁判所第二小法廷判決最高裁判所民事判例集23巻11号14頁→最二小判昭44.11.14民集23巻11号2023頁

　①裁判所・裁判の略称
　　・「**大判**」大審院判決
　　・「**最大判**」最高裁判所大法廷判決
　　・「**最○小判**」最高裁判所第○小法廷判決

　②判例集・法律雑誌の略称
　　・「**民録**」大審院民事判決録
　　・「**民集**」大審院民事判例集／最高裁判所民事判例集
　　・「**裁判集民**」最高裁判所裁判集民事
　　・「**家月**」家庭裁判月報
　　・「**金法**」金融法務事情
　　・「**判時**」判例時報

第1部

民　法

第1部 民　　法

1　相続財産に関する費用

> 改正前民法885条2項──削除

　改正前民法885条2項（以下「本項」という）は、同条1項本文の規定（「相続財産に関する費用は、その財産の中から支弁する」）を受けて、「前項の費用は、遺留分権利者が贈与の減殺によって得た財産をもって支弁することを要しない」と定めていた。本項は、改正後の民法において削除された。

　相続財産の管理費用や固定資産税といった「相続財産に関する費用」は、上記のように、「相続財産」から支弁される（改正後の民法でも維持される）。改正前民法における遺留分減殺請求権について、判例・通説は、減殺の物権的効果を前提に、贈与が減殺されると遺留分権利者の固有財産に帰属すると解してきた。しかし、受贈者が相続人の場合については「相続財産」に帰属すると解する余地もあったため、本項を置く意味があった（もっとも本項を立法論的に疑問とする学説が多かった）。

　改正後の民法は、改正前の遺留分減殺請求権の「物権的効果」と「現物返還の原則」を改め、遺留分侵害額請求権として、遺留分侵害額に相当する「金銭債権」のみが発生する旨の規定を新設した（改正後の民法1046条1項）。そのため、本項を置く意味はなくなり、削除された。

〔前田陽一〕

2　共同相続における権利の承継の対抗要件

> 第899条の2
> 1　相続による権利の承継は、遺産の分割によるものかどうかにかかわらず、次条及び第901条の規定により算定した相続分を超える部分については、登記、登録その他の対抗要件を備えなければ、第三者に対抗することができない。

> 2　前項の権利が債権である場合において、次条及び第901条の規定により算定した相続分を超えて当該債権を承継した共同相続人が当該債権に係る遺言の内容（遺産の分割により当該債権を承継した場合にあっては、当該債権に係る遺産の分割の内容）を明らかにして債務者にその承継の通知をしたときは、共同相続人の全員が債務者に通知をしたものとみなして、同項の規定を適用する。

(1)　本条1項は、相続による権利の承継のうち法定相続分を超える部分については、登記・登録などの対抗要件を備えなければ第三者に対抗することができないとするものである。本条の適用対象である「相続による権利の承継」には、遺言による場合（相続分の指定、特定財産承継遺言）と遺産分割による場合の両方が含まれる。なお、本条1項は、財産法上の対抗要件制度の規律が直接適用されない包括承継の場合について対抗要件主義を定めることに存在意義を有する規定である。したがって、特定承継である遺贈は本条の適用対象外であり、これについては民法177条、178条、467条などの規定が直接適用される（部会資料17・7頁）。

(2)　改正前民法のもとでは、遺言による財産の取得を第三者に対抗するために対抗要件の具備を要するか否かについて、次のような判例法理が形成されていた。①相続分の指定による不動産の権利の取得については、登記なくしてその権利を第三者に対抗することができる（最二小判平5.7.19金法1419号36頁）。②いわゆる「相続させる」旨の遺言は、特段の事情がない限り遺産分割方法の指定にあたり、この遺言によって不動産を取得した者も、登記なくしてその権利を第三者に対抗することができる（最二小判平14.6.10金法1660号35頁）。③他方、遺贈による不動産の取得については、登記をしなければこれを第三者に対抗することはできない（最二小判昭39.3.6民集18巻3号437頁）。

これらの判例は、相続分の指定や遺産分割方法の指定は相続を原因とする

包括承継であるため、民法177条の適用対象とならないが、遺贈は意思表示による物権変動であって特定承継であることから、同条の適用を受けるとするものと考えられる。しかし、上記①②の判例を前提とすると、相続債権者が法定相続分に従って各共同相続人の持分を差し押さえても、遺言の内容と異なる部分の差押えは無効ということになるが、被相続人の法的地位を包括的に承継するという相続の法的性質に照らすと、相続債権者が相続の開始によってこのように不安定な地位に置かれるのは必ずしも合理的ではない。また、上記①②の判例の考え方によれば、遺言によって法定相続分とは異なる権利の承継がされた場合には、対抗要件なくしてこれを第三者にも対抗できることになるため、法定相続分による権利の承継があったと信頼した第三者が不測の損害を被るなど取引の安全が害されるおそれがある。さらに、実体的な権利と公示の不一致が生じる場面が多く存在することになるため、不動産登記制度に対する信頼を害するおそれもある（部会資料21・27～28頁）。

　そこで、本条1項は、遺言の内容を知りえない第三者の取引の安全を図る観点から、遺言によって相続人が相続財産に属する財産を取得した場合であっても、その相続人の法定相続分を超える部分については、登記等の対抗要件を備えなければ第三者に対抗することができないとした。対抗要件主義を採用することの理論的根拠は、相続分の指定や「相続させる」旨の遺言（特定財産承継遺言）による権利変動の場合でも、法定相続分を超える部分については、遺贈の場合と同様、遺言という意思表示がなければこれを取得することができなかったことに求められている（中間試案補足説明40頁）。

(3)　遺産分割については、既に改正前民法のもとでも、登記等を経なければ、分割後に出現した第三者に対して法定相続分を超える権利の取得を対抗することができないとされていた（最三小判昭46.1.26民集25巻1号90頁）。しかしこれについては、遺産分割の遡及効（民法909条本文）との関係で理論的な説明が困難であるとの指摘もされていた。そこで本条1項は、遺産分割も適用対象に含めることにより、従前の判例法理に明文の根拠を与え

ることとしている。

(4) 本条1項の適用対象には相続分の指定も含まれる。もっとも、相続分の指定がされた場合には、その後に遺産分割が控えており、その時点で相続人に対抗要件の具備を期待するのは酷な面もないではない。しかし、法定相続分を超える相続分の指定がされた場合でも対抗要件なくして第三者に対抗することができるとすると、相続債権者が法定相続分に従って各相続人の共有持分を差し押さえたとしても、指定相続分を超える部分の差押えは無効となるため、遺産に属する個々の財産の全共有持分を差し押さえることができなくなってしまう。そこで、法定相続分を超える相続分の指定についてもやはり本条1項の適用対象に含め、対抗要件主義を適用することとしたものである（部会資料19-1・12〜14頁）。

(5) 本条1項は、法定相続分を超える部分について対抗要件の具備を要求するものであり、法定相続分を超えない部分については、対抗要件を備えることなく権利の取得を第三者に対抗することができる。この点は改正前民法下の判例（最二小判昭38．2．22民集17巻1号235頁）から変更はない。法定相続分による承継は、相続開始の事実や被相続人との身分関係によって客観的に定まるものであって、その限度では意思表示が介在する余地はない。また、法定相続分は戸籍等によっても確認することが可能である。これらのことから、法定相続分による承継については対抗要件なくして対抗可能とすることにも合理性があると考えられたものである（部会資料17・5〜6頁）。

(6) 本条1項で具備が求められる「登記、登録その他の対抗要件」には、民法177条の登記、民法178条の引渡し、民法467条の通知・承諾などが含まれる。そのほか、道路運送車両法5条1項の登録など、特別法上の対抗要件もこれに含まれる。

(7) 本条2項は、相続によって承継される権利が債権である場合において、対抗要件を具備するための方法の特則を定めるものである。これによれば、法定相続分を超えて債権を承継した共同相続人は、当該債権に係る遺言・遺

産分割の内容を明らかにして債務者に通知することにより、単独で対抗要件を備えることができる。

　相続による債権の承継においては、債権譲渡における譲渡人に相当する者は、被相続人の地位を包括的に承継した共同相続人全員であり、譲受人に相当する者は、遺言や遺産分割により相続財産に属する債権を取得した受益相続人であると考えられる。したがって、共同相続人全員による通知がされた場合には、本条1項によって対抗要件を備えたことになる。また、債務者が受益相続人による債権の承継を承諾した場合も、本条1項に基づいて対抗要件の具備が認められる。

　しかし、共同相続人全員の通知か債務者の承諾がなければ、遺言や遺産分割による債権の取得を対抗することができないとすると、共同相続人の中に非協力的な者が1人でもいる場合には対抗要件を具備することが困難になる。相続人は遺言をした本人ではないから、必ずしも任意の履行を期待することができない場合もありうるし、遺産分割においても、遺産分割協議の結果に不満を持つ共同相続人がいる場合には、これと同様の問題が生じうる。そこで本条2項は、受益相続人が単独でする通知についても、遺言・遺産分割の内容を明らかにして行うのであれば、これを対抗要件として認めることとしたものである。なおこの規律は、不動産登記法において、相続の場合には単独での登記申請が認められていること（同法63条2項）とも整合性を有すると説明されている（部会資料17・8〜9頁）。

(8)　本条2項は、受益相続人からの通知は、遺言・遺産分割の内容を「明らかにして」されなければならないとしている。

　債権譲渡において譲渡人から債務者への通知が債務者対抗要件とされているのは、詐称譲受人からの通知によって真の債権者や債務者が不利益を受けるのを防ぐためであり、債務者にとって、債権を譲渡した者（債権譲渡によって不利益を受ける者）による通知の方が一般に信用できること等を考慮したものであるとされている。そこで、受益相続人が単独で行う通知を債権

の承継の対抗要件として認めるにあたっても、当該債権を承継したと偽る相続人から通知がされるおそれを低減する必要があるため、遺言・遺産分割の内容を明らかにすることを受益相続人に要求したものである（部会資料17・8～9頁）。

この点に関連して、部会では、遺言書・遺産分割協議書など、遺言・遺産分割の内容を明らかにする書面を交付することを必須とする方向で検討が進められていた。しかし、遺言書等には債権の承継以外の内容も記載されているのが通常であり、遺言書等の交付を必須の要件とすることは、その開示を望まない相続人にとっては心理的な抵抗が大きいものと考えられる。また、遺言書等の交付までは望まない債務者にとっても、受益相続人から遺言書等の交付があった場合には拒絶することができず、その返還を求められない場合には保管等が必要となる場合もありうるなど、実務上の問題が生じるおそれがある。そこで、遺言書等の交付を必須の要件とはせず、債務者が客観的に遺言等の有無やその内容を判断できるような方法（例えば、受益相続人が遺言書の原本を提示し、債務者の求めに応じて、債権の承継の記載部分について写しを交付する方法）で通知すれば足りるとする趣旨で、遺言・遺産分割の内容を「明らかにして」通知すべきこととされたものである（部会資料26-2・10頁）。したがって、単に遺言の内容を通知するというだけでは足りず、債務者からみて債権の承継があったことが客観的にわかる書面を提示する必要があると解される。

遺言・遺産分割の内容を明らかにするために交付ないし提示しなければならない書面とは具体的に何であるかについて、本条2項は示していない。これは、要件を満たす書面の内容や方式等を過不足なく列挙することは困難であると判断されたためである（部会資料21・31頁）。部会では、①遺言の内容を明らかにする書面としては、遺言書の原本および正本のほか、これと実質的に同視することができる書面（公証人によって作成された遺言書の謄本や、家庭裁判所書記官が作成した検認調書の謄本に添付された遺言書の写し

など）が、②遺産分割の内容を明らかにする書面としては、遺産分割協議書の原本や、遺産分割に関する調停調書・審判書の謄本等がそれぞれ挙げられており、本条2項の解釈にあたっても参考になる（部会資料23-2・19～21頁）。

(9) 本条2項に従い、受益相続人が遺言・遺産分割の内容を明らかにして債務者に通知すると、共同相続人の全員が債務者に通知をしたものと擬制される。これにより、債権の承継のうち法定相続分を超える部分についても債務者に対抗することができるようになる（民法467条1項）。

本条2項の効果は上記の擬制がされることに尽きており、債権の中でも、不動産の賃貸借のように債務者への通知を対抗要件としないもの（民法605条参照）については、本条2項は意味を持たない（部会資料25-2・18頁）。

また、債務者への通知を対抗要件とする債権についても、債務者以外の第三者に対する対抗要件を備えるためには、通知を確定日付のある証書によって行う必要がある（民法467条2項）。ただしこれは、遺言・遺産分割の内容を明らかにするために交付・提示する書面についてまで確定日付を要求する趣旨ではない（中間試案補足説明27～28頁）。本条2項に基づいて第三者対抗要件が備わるのは、①遺言・遺産分割の内容を明らかにする書面の交付ないし提示と、②受益相続人からの確定日付ある証書による通知の両方が揃った時点である。

なお、受益相続人から遺言の内容を明らかにして通知がされたが、その遺言が実は撤回されていたという場合には、その通知は法定相続分を超える部分の対抗要件としての効力を持たないのは当然である。ただし、共同相続人の1人が遺言の内容を明らかにして通知をしてきたため、債務者がその相続人に法定相続分を超えて弁済をした後で、その遺言が撤回されていたことが判明したような場合には、債務者は債権の準占有者（表見受領権者）に対する弁済の規定（民法478条）によって免責されうると考えられる。

(10) 前記(1)のとおり、遺贈は本条の適用対象外であるため、本条2項の規律

も遺贈には適用されない。遺言によって権利を承継した者が単独で対抗要件を備えられるとすることの必要性・許容性は、遺贈についても同様に当てはまるとも思われる（部会資料17・9頁）。しかし、遺贈は特定財産承継遺言と異なり、遺言執行者がいなくても相続人に対抗要件の具備を請求できることや、改正前民法下の不動産登記手続でも、特定財産承継遺言の場合には受益相続人による単独申請を認める一方で、遺贈の場合は単独申請は認められないとされていることなどから、遺贈については本条2項のような規律を設けないこととされたものである。したがって、遺贈の場合には、共同相続人全員または遺言執行者からの通知か、債務者の承諾のいずれかが必要となる。

〔白石　大〕

3　遺言による相続分の指定

> 改正前民法902条1項ただし書──削除

　改正前民法902条1項ただし書は、同項本文の規定（「被相続人は、前二条の規定にかかわらず、遺言で、共同相続人の相続分を定め、又はこれを定めることを第三者に委託することができる」）を受けて、「ただし、被相続人又は第三者は、遺留分に関する規定に違反することができない」と定めていた。改正後の民法において、「本文」は維持されたが、「ただし書」は削除された。

　改正前民法において、相続分の指定は、本項ただし書により、遺留分減殺の対象と解されていた（遺留分に反する限度で当然に無効とする説も一部にあったが、改正前民法1031条の「遺贈」に準ずるものと解するのが一般的であった）。すなわち、遺留分割合を超過する相続分を指定された相続人の相続分は、減殺の意思表示によって、遺留分割合を超過する部分についてその割合に応じて減殺・修正されるものと解されていた（最一小決平24.1.26金

法1947号108頁)。

　改正後の民法は、改正前の遺留分減殺請求権の「物権的効果」と「現物返還の原則」を改めて、遺留分侵害額請求権として、遺留分侵害額に相当する「金銭債権」のみが発生する旨の規定を新設した（改正後の民法1046条1項）。これは、遺留分を侵害する特定遺贈や贈与も（遺留分権利者による権利行使後も失効させずに）その効力は維持して遺留分侵害額請求の負担の基準とするにとどめる（改正後の民法1047条1項）ことを前提とするものである。相続分の指定についても、同様にその効力を維持して、（失効させるべき）「減殺」の対象としないという考え方（第21回部会議事録14頁）から、本項ただし書は削除された。

　部会においては、改正前と同様に、相続分を修正する方法（その結果、遺産分割手続に参加することになる）も検討されたが、減殺請求権の効果を金銭債権化するという基本的な考え方から、上記の方法が妥当とされた（部会資料20・45頁、追加試案補足説明60〜61頁）。

〔前田陽一〕

4　相続分の指定がある場合の債権者の権利の行使

> **第902条の2**
> 　被相続人が相続開始の時において有した債務の債権者は、前条の規定による相続分の指定がされた場合であっても、各共同相続人に対し、第900条及び第901条の規定により算定した相続分に応じてその権利を行使することができる。ただし、その債権者が共同相続人の一人に対してその指定された相続分に応じた債務の承継を承認したときは、この限りでない。

(1)　本条は、相続分の指定がされた場合において、相続債務の債権者が各共同相続人に対してどのような権利行使ができるかを定めるものである。

④ 相続分の指定がある場合の債権者の権利の行使

　相続債務の承継に関し、改正前民法のもとでの判例（最三小判平21．3．24民集63巻3号427頁）は、「遺言による相続債務についての相続分の指定は、…相続債権者に対してはその効力が及ばないものと解するのが相当であり、各相続人は、相続債権者から法定相続分に従った相続債務の履行を求められたときには、これに応じなければならず、指定相続分に応じて相続債務を承継したことを主張することはできないが、相続債権者の方から相続債務についての相続分の指定の効力を承認し、各相続人に対し、指定相続分に応じた相続債務の履行を請求することは妨げられない」と判示していた。本条は基本的にこの判例の立場を踏襲するものである。

　なお、本条は遺言による相続分の指定についてのみ適用される。遺産分割協議において法定相続分と異なる割合での債務の承継がされた場合については、詐害行為取消権などによって対処することが想定されている。

(2)　本条本文は、遺言による相続分の指定がされた場合であっても、相続債権者は、各共同相続人に対し、法定相続分に応じて権利を行使することができるとするものである。

　相続債務の承継割合に関して、民法は、各共同相続人がその相続分に応じて被相続人の権利義務を承継するとした上で（民法899条）、被相続人は、法定相続分に関する規定（民法900条、901条）にかかわらず、遺言で共同相続人の相続分を定めることができるとしている（民法902条1項）。これによれば、遺言で相続分の指定がされた場合には、相続債務についても積極財産と同様に、この指定された割合で各共同相続人に承継されるように規定上は読める。しかし、相続債権者が各共同相続人に対してどのような割合で権利行使しうるかについて、相続債権者の同意なく遺言者の一存で決定することまで認めるのは相当ではない。前掲最三小判平21．3．24も、相続債務についての相続分の指定は相続債権者の関与なくされたものであるから、相続債権者に対してはその効力が及ばないとしていたところである。そこで本条本文は、相続債務については、相続分の指定がされても相続債権者はそれに影響

されることはなく、法定相続分に従って各共同相続人に権利行使することができるとしたものである。

本条本文は、相続債務についての相続分の指定が行われた場合に、共同相続人間の内部的な承継割合（負担割合）がどうなるかを規定するものではない。したがって、指定相続分が法定相続分を下回る相続人が、本条本文に基づいて相続債権者から法定相続分での権利行使を受けたため、これに応じて弁済したという場合には、この相続人は他の共同相続人に対して、超過部分につき求償権を行使することができると解される（中間試案補足説明41頁）。

なお、相続債務についても相続分の指定がされたと認められるのはどのような場合か（例えば、遺産に属する積極財産のすべてについて遺産分割方法の指定がされた場合に、消極財産についても積極財産と同じ割合で各共同相続人に承継させる旨の相続分の指定がされたといえるか）については、遺言の解釈にゆだねられる。

(3)　本条ただし書は、相続債務について相続分の指定がされた場合において、相続債権者が共同相続人の１人に対して指定相続分に応じた債務の承継を承認したときは、それ以後の相続債権者の権利行使は指定相続分に応じてされなければならないことを定めたものである。

相続分の指定がされると、積極財産は指定相続分に応じて承継されることになるため、債務の引当財産を確保する観点からは、相続債権者にとっても指定相続分に応じた債務の承継の方が望ましい場合もありうる。そこで、相続債権者が指定相続分による債務の承継を承認した場合には、それ以後の相続債権者の権利行使は指定相続分に応じてすることができる（法定相続分に応じた権利行使はできなくなる）としたものである（中間試案補足説明42頁）。

相続債権者の承認は、共同相続人の１人に対してされなければならず、かつそれで足りる。承認が共同相続人の１人のみに対してされた場合でも、法律関係の複雑化を防ぐ観点から、その効力はすべての共同相続人に及ぶ（部

4 相続分の指定がある場合の債権者の権利の行使

会資料9・10頁）。本条ただし書の承認を受けた相続人が、他の共同相続人にこれを知らせなかった場合において、指定相続分が法定相続分を下回る共同相続人が、承認の事実を知らずに法定相続分を前提とした弁済をしたときは、この相続人は超過部分について相続債権者に不当利得返還請求をすることができると解される（部会資料19-1・18頁）。

(4) 本条ただし書は、相続債権者が、いったん法定相続分に応じた権利行使をした後に、指定相続分に応じた債務の承継を承認した上で指定相続分による権利行使をすることを妨げるものではない。実際にも、相続債権者は、遺言の内容を知らず法定相続分に応じた権利行使をした後で相続分の指定を知ることがありうるが、この場合にも相続債権者は、原則として指定相続分に応じた権利行使をすることができると解される。

このような扱いが認められる根拠は次のように説明される。相続債権者は、指定相続分による債務の承継を承認したとしても、相続債務の総額を超える権利の行使を認められるわけではないから、相続債権者に不当な利益を与えることにはならない。他方、相続債権者の承認に遡及効はないため、承認の前にされた弁済の効果が覆ることはなく、弁済をした相続人から相続債権者が不当利得返還請求を受けるという事態も生じない。さらに、指定相続分を超えて債務の弁済をした相続人も、指定相続分を超える部分については、これによって利益を受ける相続人に対して求償権を行使することができるため、特段の不利益はない（部会資料22-2・31～32頁）。

相続債権者が遺言の存在を知らなかった場合はもとより、相続債権者が遺言の内容を知りつつ法定相続分に応じた権利行使をした場合でも、それだけでは必ずしも指定相続分に応じた権利行使は否定されない。これに対し、相続債権者が遺言の内容を知った後に、相続人に対して法定相続分による権利行使しかしない旨を明言していたような場合には、指定相続分による権利行使が禁反言の原則に反し認められないこともありうるとされている（部会資料22-2・32頁）。　　　　　　　　　　　　　　　　　〔白石　大〕

5 特別受益者の相続分

> **第903条**
> 1 共同相続人中に、被相続人から、遺贈を受け、又は婚姻若しくは養子縁組のため若しくは生計の資本として贈与を受けた者があるときは、被相続人が相続開始の時において有した財産の価額にその贈与の価額を加えたものを相続財産とみなし、第900条から第902条までの規定により算定した相続分の中からその遺贈又は贈与の価額を控除した残額をもってその者の相続分とする。
> 2 遺贈又は贈与の価額が、相続分の価額に等しく、又はこれを超えるときは、受遺者又は受贈者は、その相続分を受けることができない。
> 3 被相続人が前二項の規定と異なった意思を表示したときは、その意思に従う。
> 4 婚姻期間が20年以上の夫婦の一方である被相続人が、他の一方に対し、その居住の用に供する建物又はその敷地について遺贈又は贈与をしたときは、当該被相続人は、その遺贈又は贈与について第1項の規定を適用しない旨の意思を表示したものと推定する。

(1) 本条は、共同相続人中に特別受益者がいる場合の具体的相続分の算定に関する規定である。最も大きな改正点は、本条4項の新設により、持戻し免除の意思を推定するという方法により、配偶者の保護が強化された点にある（なお、本条3項から「遺留分に関する規定に違反しない範囲内で」の一節が削除されている。この意味については、後記(4)参照）。この改正に至る議論の出発点は、遺産の形成に対する配偶者の貢献をこれまでよりも評価すべきであるとの方針にあった。離婚における財産分与では、配偶者の貢献の程度を実質的に考慮して財産の分配が行われている。これに対して、従来の相続制度では、配偶者の貢献は寄与分の中で考慮されうるにすぎなかった。

そこで当初は、大別して以下の2つの方向性が検討されていた。第1は、遺産を、被相続人の固有財産（夫婦の婚姻以前に形成された財産や被相続人が相続によって取得した財産のように、一般に、その形成または維持に他方の配偶者の協力が認められない財産）と、実質的には夫婦の共有財産といえる部分とに分け、後者の部分について配偶者の取得割合を高くする方法である（部会資料3・1～2頁、部会資料7・2～5頁）。第2は、婚姻期間がある程度の長期にわたる場合に、配偶者の法定相続分を引き上げる方法である（部会資料7・5～9頁、部会資料11・8～9頁）。この考え方はさらに、相続分引上げのために、①夫婦の合意、②被相続人の一方的意思表示、③一定期間の経過のいずれを必要とするかによって分岐する。しかしいずれにしても、その基本的根拠は、婚姻期間が長期間にわたる場合には、一般に、一方の配偶者の財産の維持または増加に他方の配偶者の寄与の程度が高い場合が多く、また、相続開始の時点で配偶者が高齢となっており、その生活保障を図る必要性が高い場合が多いことに求められる（部会資料7・5頁）。

第1の考え方に対しては、遺産が実質的夫婦共有財産に属するのか固有財産に属するのかをめぐって相続に関する紛争が複雑化・長期化することが強く懸念された。そのため、遺産の内容を区別する第1の方法は修正され、被相続人の財産が婚姻後に一定の割合以上増加した場合に（そこに配偶者の貢献が一般的に存在するとみて）、その割合に応じて配偶者の具体的相続分を増やすという方法が提唱された（部会資料7・2～4頁）。中間試案の段階では、この考え方と上記の第2の方法とが検討対象とされていたが（中間試案補足説明16～17頁）、最終的にはこれらについても次の理由から採用されるには至らなかった。

まず、婚姻後の財産増加に応じて配偶者の具体的相続分を増やす方法については、配偶者の貢献を具体的に評価することができないこと、計算が複雑であり相続に関する紛争が長期化するおそれがあることなどの問題点が存在

する。次に、婚姻期間が長期にわたる場合に配偶者の法定相続分を引き上げる方法については、それが被相続人の意思による場合には（上記①②）、被相続人の意思に係らせることによる配偶者保護の不安定さや、遺言等の既存の制度との関係性などが問題視され、一定の期間の経過により当然に具体的相続分を増加させる場合には（上記③）、配偶者の貢献が実際には認められない場合に問題が生じる（部会資料14・5～7頁）。

　以上のような経緯により、遺産形成に対する配偶者の貢献を評価するやり方は、そのまま採用されることはなかった。しかし、被相続人の死亡により残された配偶者の生活保障を図るとの諮問の趣旨は、姿を変えて維持された。その軸となったのは、上記の第2の方法で示されていた、婚姻関係が長期にわたる場合の配偶者相続人の保護という視点である（後記(5)～(7)参照）。
(2)　本条1項は、902条の2が新設されたことに伴い、改正前民法903条1項では「前三条の規定により算定した相続分の中から」とされていた箇所について「第900条から第902条までの規定により算定した相続分の中から」へと表現を改めた上で、その内容を維持するものである。
(3)　本条2項は、改正前民法903条2項と同一である。
(4)　改正前民法903条3項（以下「本項」という）は、特別受益者の相続分に関する同条1項・2項を受けて、「被相続人が前二項の規定と異なった意思を表示したときは、その意思表示は、遺留分に関する規定に違反しない範囲内で、その効力を有する」（下線筆者）と定めていた。改正後の民法は、本項の下線部分を改正した。

　上記の「前二項の規定と異なった…意思表示」とは、いわゆる「持戻し免除の意思表示」のことである。例えば、特別受益となる生前贈与について「持戻し免除」がされた場合、その生前贈与は「具体的相続分算定の基礎となる財産（みなし相続財産）」には算入されないが、被相続人の財産処分の自由を制限し、相続人に一定の取得を保障する遺留分制度の趣旨から、「遺留分算定の基礎となる財産」（改正後の民法では「遺留分を算定するための

財産の価額」という）については、当然に算入の対象とされることになる（最一小決平24．1．26金法1947号108頁）。この点は、改正の前後で変わりはない（改正後の民法1044条3項は、同903条3項・4項を準用しない〔これらに対応する内容を規定しない〕ことで、この点を明文化した〔改正後の民法1044条3項の解説55(3)の末尾も参照〕）。

　改正前民法においては、この「持戻し免除の意思表示」がされた特別受益となる生前贈与が遺留分を侵害する場合、本項の下線部分の解釈として、「持戻し免除の意思表示」が（生前贈与自体に対する減殺に先立って）独立して減殺の対象にされていた（前掲最一小決平24．1．26）。すなわち、かかる減殺がされた場合、①生前贈与の効力を維持したまま、「持戻し免除の意思表示」が遺留分を侵害する限度で失効し、その結果、②生前贈与の価額が、上記の限度で、遺留分権利者の具体的相続分に加算され、かつ、受贈者の具体的相続分から控除される（前掲最一小決平24．1．26）というものであった。「持戻し免除の意思表示」に対する減殺により、遺産分割の基準となる具体的相続分が計算上修正され、遺産分割の際に取得できる財産額が増えるという効果がもたらされるが、それでもなお遺留分を保全できないときに、初めて「生前贈与」に対する減殺が問題となるものと考えられる。

　これに対し、改正後の民法は、遺留分を侵害する被相続人による行為の効力を維持したまま、遺留分侵害額に相当する金銭債権を発生させるという基本的な考え方に立脚している。したがって、贈与・遺贈・相続分の指定と同様に、「持戻し免除の意思表示」についても、減殺の対象にはならない。本項の下線部分の改正は、上記を趣旨とするものである。

　「持戻し免除の意思表示」が減殺の対象にはならない結果、遺留分を侵害する「持戻し免除の意思表示」があっても、改正前民法におけるような遺産分割の基準となる具体的相続分の計算上の修正というプロセスはなくなり、「持戻し免除の意思表示」の有無を問わず遺留分侵害額の「負担」の問題に一本化されるものと考えられる。

(5) 本条4項は、被相続人の死亡により残された配偶者の生活を保障する観点から、婚姻期間が20年以上の夫婦の一方が他方に対してその居住用の建物またはその敷地（以下「居住用不動産」とする）について遺贈または贈与をした場合に、その遺贈または贈与について持戻し免除の意思表示をしたものと推定するものである。

配偶者に対する贈与に対して特別の配慮をする法制度としては、贈与税の特例（相続税法21条の6）がある。同条によれば、婚姻期間が20年以上の夫婦の間で居住用不動産（または居住用不動産を取得するための金銭）の贈与が行われた場合において、その居住用不動産に居住しているなどの一定の要件を満たしたときには、2000万円を限度として贈与税が控除される（なお、同条における「居住用不動産」の定義は「専ら居住の用に供する土地若しくは土地の上に存する権利若しくは家屋でこの法律の施行地にあるもの」とされており、本条4項の表現とは若干異なる）。このような制度が設けられた趣旨は、①夫婦の財産は夫婦の協力によって形成されたものであることが多く、夫婦間においては一般に贈与という認識が薄いこと、②配偶者の老後の生活保障を意図して贈与される場合が多いことなどにあるとされるが、政策的には、被相続人の死亡により残される配偶者の生活に配慮するものといえる（部会資料15・16頁、追加試案補足説明5～6頁）。

本条4項も、政策的には、残された配偶者の生活保障を目的としたものである。もっとも、本条4項はあくまで被相続人の意思を推定するにとどまる。すなわち、一般に、婚姻期間が一定の長さを超える夫婦の一方が他方に対して居住用不動産を遺贈または贈与する場合には、老後の生活保障を考慮して行われていることが類型的に多いと考えられる。そうであるならば、遺贈や贈与の意思を示した際に被相続人がそれを持戻し免除の対象にするとはっきり認識していたかどうかはともかくとして、遺産分割における配偶者相続人の具体的相続分の算定にあたりその価額を控除するような意図はないことが多いと想定することができる（部会資料18・1～2頁、追加試案補足

説明5頁)。したがって、被相続人が異なる意思を表示している場合（黙示の意思表示を含む）には、居住用不動産の贈与・遺贈も原則に戻って持戻し計算の対象となる（追加試案補足説明8頁）。このように、政策的には配偶者の生活保障を挙げつつ、法技術的には被相続人の推定的意思を根拠としている点に、本条4項の特徴がある。

　なお、以上のような生活保障という趣旨を徹底するならば、本条4項の場合にはその遺贈または贈与を遺留分侵害行為に含めないとの政策的判断もありえたかもしれないが、そのような措置は講じられていない（部会資料15・18頁）。

(6)　本条4項が要件として挙げるのは、①婚姻期間が20年以上であること、②遺贈または贈与の目的物が「その居住の用に供する建物又はその敷地」、つまり配偶者の居住用不動産（現に居住していることまでは必要がない）であることである。

　まず、婚姻期間に下限（20年）が設けられた理由である。これは、前記(5)で述べたとおり、夫婦の一方から他方への遺贈・贈与が老後の生活保障を考慮したものであると類型的に想定できるのは、婚姻関係が一定の長期間に及ぶ夫婦の場合だとの理解による（追加試案補足説明7頁）。期間が20年とされたのは、前記(5)の贈与税の特例に合わせたためである。20年の婚姻期間がいつの時点で経過していなければならないかについては、被相続人の意思の推定が問題となっている以上、遺言作成時または贈与時である。なお、婚姻期間が20年に及ばない場合であっても、婚姻期間が長期に及ぶときに、持戻し免除の意思が事実上推認される可能性があることは否定されていない。

　次に、遺贈・贈与の対象が居住用不動産に限られた理由である。ここでも、前記(5)で述べたとおり、配偶者への居住用不動産の遺贈・贈与が、類型的に、老後の生活保障を考慮して行われる場合が多いといえることが根拠となっている。確かに被相続人の意思にのみ着目するのであれば、そのような意図で遺贈・贈与が行われるのが居住用不動産に限られるとはいえない。し

かし、政策的観点からみたとき、居住用不動産は老後の生活保障という観点でとくに重要なものであるのに加えて（なお、成年被後見人の居住用不動産を成年後見人が処分する際には家庭裁判所の許可を要するとする民法859条の3も参照）、その他の財産をも含めるとすると配偶者以外の相続人に与える影響が大きすぎる（部会資料18・2頁、追加試案補足説明7〜8頁）。そのため、本条4項の適用は、居住用不動産に限るものとされた（ただし、本条4項の規定は、遺贈された配偶者居住権に準用される〔改正後の民法1028条3項〕）。居住用要件の判断の基準時は、婚姻期間の判断基準時と同様の理由から、遺言作成時または贈与時である。なお、その時点では居住の用に供していなかったとしても、近い将来居住の用に供する目的で遺贈や贈与をした場合に、本条4項の推定を働かせるとする解釈は排斥されていない（部会資料18・3〜4頁、追加試案補足説明9頁）。

　遺贈または贈与されたのが居宅兼店舗である建物であった場合に、本条4項が適用されるのかについては、少なくとも居住用部分には適用があると考えられる。しかし、店舗部分についてははっきりしない。最終的には持戻し免除の意思を推定できるかどうかの問題であり、当該不動産の構造や形態、および、被相続人の遺言の趣旨に応じて個別的に判断されることになると考えられる（部会資料15・20頁、追加試案補足説明8頁）。

　本条4項は、贈与税における特例と異なり、贈与だけでなく遺贈による居住用不動産の譲渡が行われた場合も対象としている。贈与の場合でも遺贈の場合でも、高齢配偶者の生活保障という趣旨は変わらないと考えられるためである（部会資料15・16頁、追加試案補足説明8頁）。なお、遺贈に関する持戻し免除の意思表示については、遺言によらなければならないと解する立場（遺言必要説）に立つ場合、本条4項が遺贈に適用されることとの関係が問題となりうる。この問題については、たとえ遺言必要説に立つ場合でも、遺言者の意思を推定することと矛盾するわけではないとの説明が可能である（遺言者の意思の推定規定を置く民法999条、1001条も参照）（部会資料18・

4頁)。

(7) 今後の解釈上問題になりうる点として、いわゆる相続させる旨の遺言があった場合に、本条4項を適用または類推適用することができるかという問題がある。相続させる旨の遺言は、一般に遺産分割方法の指定と解されている（最二小判平3.4.19民集45巻4号477頁)。そこで持戻し免除をすることができるかについては判例がない。相続させる旨の遺言と遺贈の差をどのようにみるかによって、結論は変わりうる（部会資料15・18～19頁、追加試案補足説明10～11頁では、本条4項を相続させる旨の遺言に適用または類推適用できるのではないかとの考えが示唆されている)。

〔(1)～(3)、(5)～(7)＝村田大樹、(4)＝前田陽一〕

6 遺産の分割前に遺産に属する財産が処分された場合の遺産の範囲

第906条の2
1　遺産の分割前に遺産に属する財産が処分された場合であっても、共同相続人は、その全員の同意により、当該処分された財産が遺産の分割時に遺産として存在するものとみなすことができる。
2　前項の規定にかかわらず、共同相続人の一人又は数人により同項の財産が処分されたときは、当該共同相続人については、同項の同意を得ることを要しない。

(1) 本条は今回の改正で新設された規定であり、遺産分割前に共同相続人の1人または数人が遺産に属する財産の全部または一部を処分した場合における遺産の範囲について規律するものである。改正前は、この点についての明文の規定はなく、これに明確に言及した最高裁判例も、また学説上の定説といえるものもなかった（部会資料20・7頁、追加試案補足説明33頁)。しかし、この場面の処理の仕方によっては、処分をした共同相続人の取得額が、処分をしなかった場合よりも増えるという不公平が生じる可能性がある。

例えば、共同相続人がA・Bのみで、Aが遺産中の特定の不動産の自己の共有持分を処分した場合、この処分自体は有効であるが（最二小判昭38．2．22民集17巻1号235頁）、処分された持分やその代償財産は、原則として遺産分割の対象に含まれない（処分した部分が遺産から逸失することについて最二小判昭50.11.7民集29巻10号1525頁、代償財産の扱いについて最二小判昭52．9．19金法842号30頁）。ここで仮に、Aによる処分の事実を考慮せずに残りの遺産をA・Bの相続分に応じて遺産分割すれば、処分をしなかった場合よりAの総取得額が増えるのはいうまでもない。

　この帰結を避けるための方法としては、処分した部分を特別受益に準じるものとみたり、または、処分された当該遺産に限って共有持分の割合で分割する（したがって、自己の持分を処分したAはそこから何も取得できない）といった方法によって調整する解釈も考えうる（追加試案補足説明35～36頁）。しかし、Aに特別受益がある場合には、それでもなお不公平が生じる可能性を排除できない。

　また、このような問題は、不法行為や不当利得の問題として民事訴訟で処理することも考えられないわけではない。しかし、遺産分割前の共有状態において共同相続人の1人が自己の持分を処分する行為が一般に不法行為または不当利得となりうるかについては、疑問の余地がないわけではない。その理由は、①処分をした共同相続人は自らの持分を処分しているにすぎないことに加えて（追加試案補足説明31～32頁）、②具体的相続分を実体法上の権利ではないとする判例の立場（最一小判平12．2．24民集54巻2号523頁）との整合性も問題となるためである（追加試案補足説明32～33頁）（ただし、遺産分割前に預貯金の不当な払戻しが行われた場合には、たとえそれが自己の法定相続分に相当する額でも、他の共同相続人との関係で不法行為または不当利得が成立する余地がある。遺産分割の対象となる信託受益権について相続人の1人がその法定相続分に相当する部分の処分をした場合に、当該処分のうち他の共同相続人の法定相続分に相当する額については不当利得が成

⑥ 遺産の分割前に遺産に属する財産が処分された場合の遺産の範囲

立する旨判示をしたものとして、部会資料24-3・5頁は、最一小判平26.9.25〔判例集未登載〕を挙げる）。

　本条は、改正前民法では安定的な対応が困難な上記の不公平を是正するために、共同相続人全員の同意を要件として遺産分割内で処理する方法を採用した。もっとも、この方法は、遺産分割手続を遺産分割時に存在する財産を分配する手続だとみる従来の考え方からはやや乖離がある。この点を問題視するならば、遺産分割内で処理するのではなく、処分者に対する償金請求権を発生させる規律を設けて民事訴訟で対応するべきであるとの主張もありうる。しかし、そのような方法は、具体的相続分の審理を家庭裁判所と地方裁判所の両方で行うことを意味するため、当事者の負担を増大させかねない。さらに、民事訴訟では寄与分が考慮されず公平が実現しない可能性や、具体的相続分の権利性に関する判例の立場との整合性といった問題も解消しきれない（追加試案補足説明53頁）。本条の採用した遺産分割内での処理は、これらの問題を回避するものであるほか、本来遺産分割の対象となるべきであった相続開始時の財産の分割を認めるものである点で、本来あるべき姿にも近付く（部会資料24-2・14頁）との評価もできる。

　本条が新設されるに至った事実上の契機は、最大決平28.12.19（民集70巻8号2121頁）により遺産分割の対象に含まれることとなった預貯金債権について、仮払い制度（民法909条の2）の創設が議論の俎上に載せられたことにある。すなわち、改正後の民法909条の2前段に基づき、共同相続人の1人が遺産に含まれる預貯金債権の一部について権利行使をした場合、遺産分割において何らかの調整が必要になる。その規律の在り方を考えるにあたっては、遺産分割前の財産処分一般について規律を考えておく必要があった（部会資料20・7頁）。なお、以上の意味で、改正後の民法909条の2後段（「この場合において、当該権利の行使をした預貯金債権については、当該共同相続人が遺産の一部の分割によりこれを取得したものとみなす」）は、本条1項の特則に当たることになる。

(2) 本条1項は、遺産の分割前に遺産に属する財産が処分された場合に、共同相続人全員の同意を要件として、処分された財産が遺産分割時に遺産として存在するものとみなすことができる旨を規定するものである。改正前の実務では、遺産分割の対象となる財産の範囲は、原則として、相続開始時に存在し、かつ、遺産分割時に存在する財産であるとされてきた。しかしその一方で、遺産分割時には存在しない財産であっても、当事者がそれを遺産分割の対象に含める旨の合意をした場合には遺産分割の対象になるものとして扱われてきた（代償財産に関するものであるが、最一小判昭54．2．22判時923号77頁）。本条1項は、遺産から逸失した財産に関する従来の判例実務の考え方に沿うものである（部会資料24-3・2頁）（ただし、代償財産の扱いについては後述）。

本条1項における「処分」には、遺産に含まれる財産を譲渡する場合のほか、遺産に含まれる預金を引き出すことも含む（ただし、改正後の民法909条の2および改正後の家事事件手続法200条3項による仮払いを除く）。

処分が権限なく行われた場合（例えば共同相続人の1人が共有持分の範囲を超えて処分をした場合）、その部分については原則として権利移転の効力が生じず、遺産から逸失していないことになるため、その部分には本条の適用はない。また、遺産に含まれる預金の引出しは、前掲最大決平28.12.19により、仮払い制度を利用する場合を除き、引き出された範囲にかかわらず違法になったものと解されるため、同様に遺産から逸失せず本条の適用はない。ただし、権限のない処分であっても、即時取得や債権の準占有者への弁済が認められた場合には、その結果として遺産からの逸失が生じ、本条の適用が認められる（追加試案補足説明46頁）。

本条1項には処分の主体が明示されていない。解釈上は第三者の処分を排斥するものではないが、通常想定されるのは共同相続人の1人または数人である。なお、本条に至る審議過程では、処分の主体が共同相続人であることが明示されていた。これが削除されたのは、処分された財産のほかに代償財

|6| 遺産の分割前に遺産に属する財産が処分された場合の遺産の範囲

産を遺産分割の対象に含めるとの案が示された段階においてである。代償財産を遺産分割の対象に含めるのであれば、自然災害によって遺産が滅失した場合の保険金請求権や、共同相続人以外の第三者が処分をした場合の損害賠償請求権なども遺産分割の対象に含むことが可能となるため、処分の主体が共同相続人でない場合も本条1項の適用対象に含まれることとなる。確かに、実務において、相続人間の合意により代償財産を遺産分割の対象に含めることを認めているのは上記のとおりである。しかし、逸失した遺産を遺産として存在するものとみなすことと、代償財産を遺産分割の対象に含めることとは、質的な相違がある。そのため、代償財産は本条1項の適用対象からは外れることとなった（部会資料25-2・10～11頁）。本条の趣旨に照らせば、本条1項における処分の主体について、共同相続人以外を想定する必要はないと考えられる（これに対しては、第三者の処分によって生じた代償財産を遺産分割の対象とするために、全共同相続人の同意により処分された財産を遺産分割の対象とすることも考えられる、との見方もあるようである。しかし、本条により処分された遺産が遺産分割の対象になりうることと、共同相続人間の合意により代償財産が遺産分割の対象になりうることとは異なる問題である上に、代償財産を遺産分割の対象とするために処分された遺産を遺産分割の対象としなければならないということもないように思われる）。

(3)　処分された遺産を遺産分割の対象に含めるには、共同相続人全員の同意を必要とする。ただし、本条2項は、遺産に属する財産を処分した共同相続人についてはその同意を要しないものとする。処分をした共同相続人の利益取得を防止するには、この者に遺産分割の拒絶権を認めるべきでないからである（部会資料24-3・2頁）。

例えば葬儀費用の弁済や相続債務の弁済のために処分がされた場合などのように、他の共同相続人がその精算を望まず、処分された財産を遺産分割の対象に含める同意をしない場合には、その財産が遺産分割の対象となることはない。また、本条1項の同意は、遺産から逸失してもはや遺産ではなく

なった財産を遺産と扱って遺産分割することを可能とするものにすぎず、遺産分割の終了後には、たとえ新たに逸失財産の存在が明らかとなった場合であっても、終了した遺産分割を覆すことはできないと考えられる（部会資料24-3・3～4頁）。

同意の対象は、処分された財産を遺産分割の対象に含めることについてであり、誰が処分したのかは同意の対象ではない（部会資料25-2・13頁）。そのため、遺産分割の対象に含めることについては同意があるが、誰が処分者であるかについては争いがある場合も考えられる。このとき、仮に真の処分者ではない者に処分財産を帰属させる審判がされたとしても、審判が事後的に覆ることはない（部会資料25-2・12頁）。その利益取得を不当利得であるとして争うことができるかは、不当利得法の解釈にゆだねられる。なお、遺産分割の前に、遺産確認訴訟によって、処分財産が被相続人の遺産に属することを確認することは可能であると考えられる（一般に遺産確認訴訟が適法であることについて、最一小判昭61.3.13民集40巻2号389頁）。その中で処分者が誰であるかも認定されることは多いと考えられるが、その一方で、処分者が誰であるのかのみを確認することに確認の利益があるかについては、これも解釈にゆだねられている（部会資料25-2・12頁）。

共同相続人間でいったん同意がされると、処分財産を遺産とみなす実体法上の効果が生じるため、同意の意思表示を撤回することはできないと考えられる。また、同意の意思表示には、民法総則の意思表示に関する規定が適用される（部会資料25-2・13頁）。

(4) 本条1項の効果として遺産分割の対象とされるのは、処分された財産であり、譲渡により得られた売却代金のような代償財産ではない。これは、譲渡が廉価または無償で行われた場合にその損失を他の共同相続人が負担するのを避けるためである（追加試案補足説明43頁）。ただし、代償財産については、前記(2)のとおり、相続人間の同意によって遺産分割対象に含める運用が実務上は行われている。本条1項は、この扱いに直接に関わるものではな

い。

〔村田大樹〕

7 遺産の分割の協議または審判等

> **第907条**
> 1 共同相続人は、次条の規定により被相続人が遺言で禁じた場合を除き、いつでも、その協議で、遺産の全部又は一部の分割をすることができる。
> 2 遺産の分割について、共同相続人間に協議が調わないとき、又は協議をすることができないときは、各共同相続人は、その全部又は一部の分割を家庭裁判所に請求することができる。ただし、遺産の一部を分割することにより他の共同相続人の利益を害するおそれがある場合におけるその一部の分割については、この限りでない。
> 3 前項本文の場合において特別の事由があるときは、家庭裁判所は、期間を定めて、遺産の全部又は一部について、その分割を禁ずることができる。

(1) 本条の改正は、遺産の一部分割が可能であることを明らかにするためのものである。改正前においても、実務上、①遺産分割を一回的に行うことに支障があるなど一部分割に合理性があり（一部分割の必要性）、かつ、②民法906条の基準に照らして遺産の全部について公平な分配を実現することができる場合には（一部分割の許容性）、審判、調停、協議のいずれによっても遺産の一部分割をすることは可能であると考えられてきた（部会資料9・4頁、中間試案補足説明33頁）。しかし、一部分割のための要件が法文上明らかとされているわけではなかった。

(2) 本条1項は、共同相続人間の協議によって遺産の一部分割をすることができることを明らかにするものである。改正前民法907条1項では「遺産の

分割をすることができる」とされていた部分が、「遺産の全部又は一部の分割をすることができる」へと改められている。ここでの一部分割の根拠は、共同相続人が遺産に対して持つ処分権限に求められており（部会資料21・13頁、追加試案補足説明26頁）、一部分割が認められるために特別な要件を必要としない。

(3)　本条2項本文は、共同相続人が家庭裁判所に遺産の分割を求める場合において、全部分割だけでなく一部の分割を求めることもできることを明らかにするものである。改正前民法907条2項では「その分割を家庭裁判所に請求することができる」とされていた部分が、「その全部又は一部の分割を家庭裁判所に請求することができる」へと改められている。これは、どの範囲で遺産分割を行うかについて、一次的には共同相続人に処分権限が認められることを意味する（処分権限が認められない場合については、本条2項ただし書に関する後記(4)参照）。

　本条2項本文で想定されているのは、共同相続人が、残余遺産の存在（または少なくとも存在の可能性）について認識しているにもかかわらず、現時点では残余遺産の分割を希望していないこと等を理由としてその一部のみの分割を行おうとする場合である（部会資料21・12頁、追加試案補足説明25頁）。他方で、家庭裁判所は、遺産分割請求の一部について審判をするのに熟していると判断をしたときには、家事事件手続法73条2項に基づく一部審判として遺産の一部分割をすることもできる。この点は改正前と変わらない。両者の違いは遺産分割の対象として申し立てられた遺産の範囲にあり、遺産の一部についての分割が申し立てられ、その一部について審判がされた場合は本条2項本文による一部分割となり、遺産の全部についての分割が申し立てられ、その一部について審判がされた場合は家事事件手続法73条2項の一部審判としての一部分割になる（部会資料24-2・13頁）。また、家事事件手続法73条2項の一部審判による遺産分割の場合、残余遺産については審判事件が引き続き係属するのに対して、本条2項本文による場合には、全部

審判として一部分割が行われ、残余遺産については審判事件が係属せずに事件が終了する（部会資料21・12頁、追加試案補足説明25頁）。

　一部分割の申立てがされた後に、申立人以外の共同相続人が遺産の全部分割（またはより多くの一部分割）を求めて申立てをした場合、遺産分割の対象は遺産の全部（または拡張された一部の遺産）になると考えられている。これは、一部分割の申立てと全部分割の申立てが重複した場合には、前者の申立てが後者の申立てに包含されるためである（部会資料21・13頁以下、追加試案補足説明26、29頁）。

(4)　本条2項ただし書は、同項本文によって家庭裁判所への一部分割の請求が可能となったことに伴い、一部分割の審判が認められるための要件を定めたものである。

　前記(1)で述べたとおり、これまでも、一部分割の必要性と許容性が認められる場合には審判による一部分割も可能であると解されてきた。本条2項ただし書は、このうち、一部分割の許容性の要件を明文化したものであるとされる。必要性の要件を明文化しなかった理由としては、次のような説明がされている。

　そもそも一部分割をする合理的な理由がありその必要性が満たされるといえる場面とは、①相続人全員の合意がある場合、②一部の遺産の評価や遺産性について争いがあり、その審理に長期間を要する場合、③全部分割として遺産分割がされた後に、他の遺産の存在が判明した場合、④分割を禁止された遺産を除いたその余の遺産を分割する場合などである。このうち、まず②の場面は、前記(3)で述べた家事事件手続法73条2項に基づく一部審判によって捕捉することができる。次に、③および④の場面は、全部分割そのものに当たるか、または家庭裁判所や当事者が全部分割の審判をしていると考えている場面であり、ここで規律するべき場面ではない。最後に残るのが①の場面だが、これも明示的な要件として挙げる必要はない。なぜならば、ある相続人の一部分割の申立てに対して、他の共同相続人がそれに合意せず分割範

囲を拡張するよう求めるならば、前記(3)のとおり遺産分割の対象は拡張されることになり、他方で、そのような求めがないのであれば、申し立てられた遺産分割の範囲の上限について当事者全員に異論がないといって構わないからである。なお、共同相続人の中に、あくまで協議による分割に固執したり、より小さい範囲での一部分割を望む当事者がいる場合には相続人全員の合意があるとはいえないが、そのような希望は法律上保障されているとはいえず（改正後の民法907条1項を参照）、考慮する必要がないと考えられる（部会資料21・14～16頁、追加試案補足説明26～30頁）。

次に一部分割の許容性についてである。従来、一部分割によって遺産全体についての適正な分割が不可能にならない場合には、それが許容されると解されてきた（前記(1)）。すなわち、特別受益や寄与分を考慮した上で、最終的に適正な分割を達成しうるという明確な見通しが得られる場合や、仮に一部分割の段階では具体的相続分を超過する遺産を取得させることになったとしても、残部分割の際に代償金を支払うことによる調整が確実視されるような場合であれば、遺産全体についての適正な分割は不可能とならない。逆に、一部分割後に適正な分割を達成しうる明確な見通しが立たない場合には、たとえ共同相続人間で一部分割の合意があったとしても、家庭裁判所は一部分割の請求を不適法とし、その請求を却下しなければならない。

本条2項ただし書が定める「遺産の一部を分割することにより他の共同相続人の利益を害するおそれがある場合」は、以上のような意味で理解されることが想定されている（部会資料21・15頁、追加試案補足説明27頁）。

(5) 本条3項は、本条2項ただし書が付加されたことに伴い、改正前民法907条3項が「前項」と定めていた部分を「前項本文」に改めた上で、その内容を維持するものである。

〔村田大樹〕

8 遺産の分割前における預貯金債権の行使

> **第909条の2**
> 　各共同相続人は、遺産に属する預貯金債権のうち相続開始の時の債権額の3分の1に第900条及び第901条の規定により算定した当該共同相続人の相続分を乗じた額（標準的な当面の必要生計費、平均的な葬式の費用の額その他の事情を勘案して預貯金債権の債務者ごとに法務省令で定める額を限度とする。）については、単独でその権利を行使することができる。この場合において、当該権利の行使をした預貯金債権については、当該共同相続人が遺産の一部の分割によりこれを取得したものとみなす。

(1)　本条前段は、遺産に属する預貯金債権の一部について、家庭裁判所の判断を経ないで払戻しを行うことを可能にするものである。

　従来の判例（最三小判平16.4.20金法1711号32頁）は、預貯金債権は相続開始と同時に当然に相続分に応じて分割され、各共同相続人の分割単独債権となるとしていたが、近時の判例（最大決平28.12.19民集70巻8号2121頁。以下「大法廷決定」という）はこれを変更し、預貯金債権は遺産分割の対象に含まれるとした。これにより、預貯金債権は、遺産分割までの間は共同相続人全員が共同して行使しなければならないこととなった（最一小判平29.4.6金法2071号88頁がこの旨を明らかにした）。その結果、被相続人が負っていた債務の弁済や、被相続人から扶養を受けていた共同相続人の当面の生活費への充当などのために、被相続人が有していた預貯金を遺産分割前に払い戻す必要があったとしても、共同相続人全員の同意を得られなければこれができないという不都合が生じるおそれがあった。大法廷決定に付された大谷剛彦裁判官、小貫芳信裁判官、山﨑敏充裁判官、小池裕裁判官、木澤克之裁判官の共同補足意見は、この問題に対処するための方策として、仮分

割の仮処分などの保全処分（家事事件手続法200条2項）を活用すべきことを示唆していたが、この保全処分が認められるための要件は厳格であり、遺産分割前の預貯金債権の行使を認める制度を新たに設けなければ相続人の負担が重くなると懸念されていた。

　今回の改正では、家事事件手続法の保全処分の要件を緩和する方策が取り入れられたが（これについては家事事件手続法200条3項の解説**第2部**2(4)を参照）、裁判所に保全処分の申立てをしない限り単独での払戻しが一切認められないとすると、相続人にとってはなおも大きな負担となる。他の共同相続人の利益を害することがないと認められる限度では、単独での権利行使を認め、小口の資金需要に対応できるようにするのが国民の利便に資すると考えられることから、本条は、預貯金債権のうち一定割合（ただし金額による上限あり）については、家庭裁判所の判断を経ることなく預貯金債権を行使することができるとしたものである（追加試案補足説明17～18頁）。

　今回の改正で新たに設けられた2つの制度（改正後の家事事件手続法200条3項に基づく仮の取得と本条に基づく払戻し）は両立する。すなわち、遺産に属する預貯金債権の一部を保全処分により仮に取得した共同相続人の1人も、本条の適用により、残りの預貯金債権から重ねて一部の払戻しを受けることが可能である。

　なお、預貯金債権が遺産分割の対象となる旨の規定（大法廷決定の趣旨を明文化する規定）は置かれなかったが、本条はこれを当然の前提としている。他方、預貯金債権以外の可分債権一般については、原則として相続開始と同時に当然に分割され、各共同相続人が単独で権利行使できるものとして扱われる（最一小判昭29.4.8民集8巻4号819頁）。したがって、これらの債権には本条の（類推）適用の余地はない。

(2)　本条前段は、家庭裁判所の判断を経ないで預貯金の払戻しを受けるための要件として、払戻しを受ける目的が何であるかを問わないこととしている。払戻しを受ける目的に応じて払戻しを認める金額を定めること（例え

ば、未払いの医療費や税金を支払う必要があることや、相続人の生活のために必要があることなどを要件として、それぞれの場合に払戻しを認める金額やその計算方法を定めること）も考えられたが、そうすると、いかなる目的の場合に払戻しを認め、その金額をどのように定めるかについて、一義的に明確な基準を定立することは困難である。また、金融機関としても、その払戻請求が正当か否かを慎重に審査せざるをえなくなり、相続人が迅速に必要な払戻しを受けることが困難になりかねない。そこで、払戻しを受ける目的を問わず、本条前段により算出される金額までは当然に払戻しを認めることとしたものである（部会資料12・13頁、中間試案補足説明31頁）。

(3) 本条前段に基づいて、家庭裁判所の判断を経ることなく共同相続人が単独で払い戻すことができる上限額は、①（遺産に属する預貯金債権の相続開始時の債権額）×3分の1×(当該共同相続人の法定相続分)、②標準的な当面の必要生計費、平均的な葬式の費用の額その他の事情を勘案して預貯金債権の債務者ごとに法務省令で定める額、のいずれか小さい方とされている。大法廷決定が預貯金債権を遺産分割の対象とした趣旨を踏まえるならば、立法により預貯金債権の一部について単独で権利行使しうることにするとしても、おのずとその範囲は限定的なものにとどめなければならないからである（追加試案補足説明18頁）。

①の算式による上限額は、個々の預貯金債権ごとに算出することとされている。例えば、遺産に属する預貯金債権が普通預金60万円と定期預金120万円であり、被相続人の子2人が共同相続人である場合には、普通預金について10万円（60万円×3分の1×2分の1）、定期預金について20万円（120万円×3分の1×2分の1）が①で算出される上限額となる。普通預金と定期預金を合算し、30万円の範囲内ならばいずれの預金からでも払戻しができるというわけではない（追加試案補足説明20～21頁）。

①の算式において、預貯金債権額は相続開始時の残高を基準とする。したがって例えば、相続開始後に何者かによって預貯金債権の3分の2以上が払

い戻されてしまったような場合には、民法478条によって弁済が有効とされれば、本条前段で算出される上限額までの払戻しができなくなることも考えられる。また、共同相続人の1人が、相続開始後でかつ遺産分割前に、本条前段の規律によらないで（預金者が死亡した事実を金融機関に秘して）預貯金債権を払い戻した場合には、改正後の民法906条の2が適用されうるが、この共同相続人がさらに本条前段に基づいて払戻しを求めてくることもありうる。本条前段の文言からすれば、金融機関がこれに応じて支払っても有効な弁済になると解されるが、相続開始を秘して払い戻した者が当該共同相続人であることが明らかな場合には、本条前段に基づく払戻請求は権利の濫用に当たるとして、金融機関がこれを拒むこともできると考えられる。なお、金融機関には、相続開始後・遺産分割前の払戻しが誰によるものなのかを調査する義務はないと解される（第25回部会議事録9頁）。

　①の算式により上限額を算出するためには、払戻しを求める共同相続人の法定相続分が金融機関に明らかにされていることを要する。したがって、本条前段に基づく払戻しを請求するにあたって、共同相続人は、戸籍の全部事項証明書などの法定相続分を証する書面を金融機関に提示する必要がある。

　次に、②の「法務省令で定める額」は、預貯金債権の債務者ごとに定めることとされている。大法廷決定の趣旨を没却しないよう、払戻しが可能な額を、裁判所の個別的判断を経るまでもなく定型的に預貯金の払戻しの必要性が認められる範囲に限定すべきであるとすれば、被相続人が有している預貯金債権全部についての上限額を定めるという考え方（これによれば複数の金融機関に預貯金があったとしても上限額は変わらないことになる）もありうるところではあるが、この方式だと金融機関の負担があまりに大きくなる（他の金融機関で既に本条前段に基づく払戻しを行っていないかを調査・確認する必要が生じる）。そこで、簡易かつ迅速に預貯金の払戻しを受けられるようにするという要請を満たすため、金融機関ごとに上限額を定めることとされたものである（部会資料20・5〜6頁、追加試案補足説明18〜19頁）。

②の上限額は、(a)標準的な当面の必要生計費、(b)平均的な葬式の費用の額、(c)その他の事情（高齢世帯の貯蓄状況などが想定されている）を勘案し、法務省令で定めることとされている。これは、(a)～(c)の諸事情は景気や社会情勢によっても変動するため、法務省令に委任して柔軟な対応をするのが相当であると考えられたことによる（部会資料24-2・10頁）。なお、この上限額は当面150万円とされる（平成30年法務省令第29号）。

(4) 本条前段は、各共同相続人が「単独でその権利を行使する」際の払戻しの上限額を定めるものであり、共同相続人全員で払戻請求をする場合には、本条前段の上限額を超えて全額の払戻しを受けることもできる。

本条前段は、本来は共同相続人全員でなければ権利行使できない預貯金債権についてその例外を設けるというものであり、預金規定上に払戻しの制限が付いている場合については、その契約上の制限まで解除する趣旨ではない。

また、預貯金契約の特約条項により、本条前段の上限額を超えて一定範囲の払戻しを行う旨をあらかじめ合意しておくことは許されると解される。例えば、金融機関と預金者が支払委託契約を締結し、預金者が死亡した後の葬儀費用の支払を金融機関にゆだねるなどといったことが考えられる。

(5) 本条前段で認められる払戻請求権が、譲渡・差押え・相殺が可能な債権かについては、解釈にゆだねられる。

立案担当者は、本条前段によっても預貯金債権と性質の異なる別個の債権が創設されるものではないという理解に立脚し、本条前段に基づく払戻請求権自体を譲渡したり差し押さえたりすることはできないとしている。

また、預貯金債権の準共有持分を譲渡することにより、本条前段に基づいて単独で払戻請求しうる地位が譲受人に移転するかどうかも問題となるが、これについても立案担当者は、預貯金債権を単独で行使できないことで相続人に生じうる不都合を解消するために設けられたのが本条前段の規律であることからすれば、準共有持分の譲渡を受けた第三者が本条前段に基づく権利

行使をすることはできないと解している。

　他方、第三者が相続人の準共有持分を差し押さえた場合には、その相続人は、差押えの処分禁止効により、本条前段に基づく払戻しを受けることもできなくなるというのが立案担当者の見解である（部会資料25-2・10頁）。

(6)　本条後段は、本条前段に基づく払戻しがされた場合に、この払い戻された預貯金債権が後の遺産分割においてどのように扱われるかを規定するものである。

　本条前段に基づいて権利行使された預貯金債権については、誰がこれを払い戻したかということは客観的に明らかである。また、既に権利行使された預貯金債権を、遺産分割において、その権利行使をした相続人以外の者に帰属させる必要性もない。そこで本条後段では、本条前段により権利行使された預貯金債権は、当該共同相続人が遺産の一部の分割によりこれを取得したものとみなすとしている（部会資料25-2・9頁）。

☞関連する家事事件手続法200条3項の改正については、**第2部②**参照。

〔白石　大〕

9　包括遺贈および特定遺贈

> 改正前民法964条ただし書——削除

　改正前民法964条ただし書は、同条本文の規定（「遺言者は、包括又は特定の名義で、その財産の全部又は一部を処分することができる」）を受けて、「ただし、遺留分に関する規定に違反することができない」と定めていた。改正後の民法において、「本文」は維持されるが、「ただし書」は削除された。

　改正前民法1031条は、遺贈を「減殺」の対象としていた。しかし、改正後の民法は、遺留分減殺請求権の「物権的効果」と「現物返還の原則」を改めて、遺留分侵害額に相当する「金銭債権」のみが発生する旨の規定を新設し

た(改正後の民法1046条1項)。これは、遺留分を侵害する被相続人の行為であっても(遺留分権利者による権利行使後も失効させずに)その効力は維持して遺留分侵害額請求の負担の基準とするにとどめる(改正後の民法1047条1項)ことを前提とするものである。改正後の民法において、遺贈も(失効させるべき)「減殺」の対象ではなくなるため、「ただし書」が削除された。

〔前田陽一〕

10　自筆証書遺言

> **第968条**
> 1　自筆証書によって遺言をするには、遺言者が、その全文、日付及び氏名を自書し、これに印を押さなければならない。
> 2　前項の規定にかかわらず、自筆証書にこれと一体のものとして相続財産(第997条第1項に規定する場合における同項に規定する権利を含む。)の全部又は一部の目録を添付する場合には、その目録については、自書することを要しない。この場合において、遺言者は、その目録の毎葉(自書によらない記載がその両面にある場合にあっては、その両面)に署名し、印を押さなければならない。
> 3　自筆証書(前項の目録を含む。)中の加除その他の変更は、遺言者が、その場所を指示し、これを変更した旨を付記して特にこれに署名し、かつ、その変更の場所に印を押さなければ、その効力を生じない。

(1)　自筆証書遺言は、自書能力さえ備わっていれば、いつでも、どこでも作成することができ、筆記具と紙等のほかには特別な費用がかからない、他の遺言と比べて簡易に作成できる遺言であるといわれてきた。とはいえ、死後に自ら証言できない遺言者の真意を遺産相続に反映させるための担保として

設けられた制度であるがゆえに、厳格な方式に従うことが求められる。

　ところでこれまで日本では遺言の作成が少ないとされてきた。しかも遺言書に形式的不備がある場合には、作成してもその効力が生じない。そのため、遺言者の意思を相続に反映させることの困難性が指摘されてきた。とりわけ、高齢化社会の進展により、疾患や障害等のため自書をすることが困難な者にとっては全文の自書は相当困難であり、とくに遺贈等の対象となる財産の特定に関する事項、例えば不動産の表示（地番、面積等）、預貯金の表示（金融機関名、口座番号等）は、対象を特定するための形式的な事項であるが、それにもにもかかわらず、従前はすべて自書することが求められていたため、相当に煩雑であると指摘されていた（部会資料5・5頁）。

(2)　2018年の民法改正では、自筆証書遺言における①自書を要求する範囲の見直しと②加除訂正の方式についての緩和が検討された（部会資料5・5頁、部会資料9・9頁。部会における当初の議論は、「署名及び押印」が要件となっていることから、「署名又は押印」のいずれかがあれば足りる旨の変更も検討されていた。とりわけ本条1項の自筆証書作成の要件において署名押印が求められることとの関連で、クレジットカード等の利用拡大により、署名のみで取引が行われている事例が増えていることから、自筆証書遺言の方式に「押印」がなお必要とされるべきかが議論されている〔実際、部会資料5・6頁では、押印の削除が提案されている〕。判例〔最二小判平6．6．24家月47巻3号60頁、最三小判昭49.12.24民集28巻10号2152頁等〕でも、押印要件が緩和されて遺言が無効とはされていない。しかし、押印は遺言書の下書きと完成品を区別する上で重要な役割を果たしていることから、押印を一律に不要とする考え方は採られなかった〔部会資料9・8頁〕。②については、加除訂正の要件緩和として、押印のみを要件とすることが提案されたが、中間試案に対するパブリックコメントにおいて賛否が分かれ、自筆証書遺言の方式緩和による偽造・変造のリスクの懸念と合わせ、加除訂正方式まで緩和するとその懸念はより大きくなるとの理由から、改正前の制度

のまま維持されている〔部会資料17・3頁〕）。

　今回の民法改正では、自筆証書遺言の原則はあくまでも全文を自書することであるが、例外的に①について、「遺贈等の対象となる財産を特定するために必要な事項については、自書することを要」さず、「この場合において、遺言者は、その目録の毎葉（自書によらない記載がその両面にある場合にあっては、その両面）に署名し、印を押さなければならない」こととなった（本条2項）。これにより、改正前民法968条2項の加除訂正に関する規定は、本条3項に規定されている。

(3)　本条2項前段により、「遺贈等の対象となる財産を特定するために必要な事項」については、自書によらない財産目録を添付することが可能になる。財産目録には、通常、不動産ついてはその地番、地積等が、預貯金債権については金融機関名、口座等が記載されることになる。しかし、それらの事項に関する添付書類について、各頁に署名押印すること以外の特段の様式性が求められていない。したがって、パソコン等による作成が認められることはもとより、遺言者以外の者による代筆、さらには、不動産の登記事項証明書や預貯金通帳の写し等を添付して、それを財産目録として使用できることになった（部会資料24-2・21頁）。

(4)　本条2項後段は、自書によらない財産目録の毎葉に遺言者の署名および押印を要求すること、さらにとくに署名によらない記載が両面に及ぶ場合にはその両面に遺言者の署名および押印を要求することを定める。この趣旨は、自書要件を緩和することによって想定される偽造・変造の代表的な手段として、自書によらない部分の差替えや裏面に印刷する方法などが考えられることから、これらを防止するためである。

　なお、部会における当初の議論では、自書以外の方法により作成された財産目録に関する添付書類については、遺言者は財産目録のすべて遺言書本文と財産目録との一体性を確保することが必要となるとの観点から、自書でない財産目録には、各頁に契印を用いることも検討されていた。しかし、契印

は偽造等を防止する方法として有効でないこと（部会資料5・5頁、部会資料9・8頁）、遺言書本文と財産目録を封筒に入れ保管することで一体性を確保することができること（部会資料17・2頁〔なお、自筆証書遺言の保管制度においては画像データの保管がされるため一体性の確保もされる。したがってこの問題が生じるのは自宅等での保管されている場合といえる〕）、改正前民法のもとでも自筆証書遺言に契印を要求していなかったこと（部会資料17・2頁）、自筆証書遺言の場面でのみ契印を要求すると方式違反が増えるおそれがあって相当でないことが（部会資料22-2・18頁）、契印が要件とされない理由として説明されている。

(5) 加除訂正の方式は、当初は厳格な方式を求めるとかえってその方式違反のために被相続人の最終意思が遺言に反映されないということを考慮して、「署名又は押印」に緩和することも検討されていた（部会資料9・7頁）。しかし、パブリックコメントにおいて、偽造・変造の懸念や自筆証書遺言の作成にあたって加除訂正の場面も含めて「署名及び押印」の双方を要求する方がわかりやすいなどの意見を踏まえ、加除訂正方式を緩和するには至らなかった（部会資料17・4頁）。

(6) 別紙として添付していた財産目録（旧財産目録）を削除し、修正した財産目録（新財産目録）を添付する方法で、遺言書の加除訂正等の変更を行うことが許されるか、新財産目録は自書による必要があるかという点も検討された。これらの点については、「仮に新たな財産目録が自書によらないものであったとしても、旧財産目録を新財産目録のとおり訂正する旨の文言が自書されており、かつ、新たな財産目録のすべての頁に遺言者の署名押印がされているのであれば、加除訂正以外の場面と同様、変造等のおそれは低い。また、自筆証書遺言は法律家が関与せずに作成される場合が多いものと考えられるが、法律の素人である一般人は、自書によらない財産目録を用いる方法で自筆証書遺言を作成することが認められている以上、加除訂正等の変更を行う場合もこれと同様であると考えるのがむしろ通常の感覚である。加除

訂正の場面では自書によらない方法を認めないこととした場合には、かえって誤解によって要式にのっとらない加除訂正等行われ、方式違反により無効となる遺言書が増加するおそれがある。このような理由から、加除訂正等についても財産目録に関する部分については自筆によらない方法でも行うことを認める」旨の説明がされている（部会資料24-2・22頁）。

(7) 自筆証書遺言の方式緩和に関する改正法は、2019年1月13日に施行された。施行後に作成された遺言書に改正法が適用されることになる。

〔冷水登紀代〕

11 秘密証書遺言

> **第970条**
> 1 秘密証書によって遺言をするには、次に掲げる方式に従わなければならない。
> 　一　遺言者が、その証書に署名し、印を押すこと。
> 　二　遺言者が、その証書を封じ、証書に用いた印章をもってこれに封印すること。
> 　三　遺言者が、公証人一人及び証人二人以上の前に封書を提出して、自己の遺言書である旨並びにその筆者の氏名及び住所を申述すること。
> 　四　公証人が、その証書を提出した日付及び遺言者の申述を封紙に記載した後、遺言者及び証人とともにこれに署名し、印を押すこと。
> 2 第968条第3項の規定は、秘密証書による遺言について準用する。

(1) 本条1項は、改正前民法970条1項と同一である。

(2) 自筆証書遺言に関する968条2項の新設に伴い、改正前民法のもとでは同条2項に規定されていた加除訂正に関する規定が同条3項に規定された。この改正に平仄を合わせる形で、本条2項は、968条3項を準用すると改正

された。

〔冷水登紀代〕

12　普通の方式による遺言の規定の準用

> **第982条**
> 　第968条第3項及び第973条から第975条までの規定は、第976条から前条までの規定による遺言について準用する。

本条が改正されたのは、改正後の民法970条2項と同様、968条の改正に平仄を合わせるためである。

〔冷水登紀代〕

13　遺贈義務者の引渡義務

> **第998条**
> 　遺贈義務者は、遺贈の目的である物又は権利を、相続開始の時（その後に当該物又は権利について遺贈の目的として特定した場合にあっては、その特定した時）の状態で引き渡し、又は移転する義務を負う。ただし、遺言者がその遺言に別段の意思を表示したときは、その意思に従う。

(1)　本条は、改正前民法998条（不特定物の遺贈義務者の担保責任）を削除した上で、債権法改正における贈与の担保責任に関する規律の改正を参照し、遺贈の無償性を考慮しつつ、遺贈の目的である物または権利（財産）が相続財産に属するか否か、また特定されているか否かを問わず、これらについての遺贈義務者の引渡義務または移転義務に関するデフォルト・ルールを定めるものである（部会資料10・18〜19頁、部会資料24-2・23〜25頁）。

(2)　本条本文は、遺贈義務者に対して、原則として遺贈目的である物または

権利を、相続が開始した時の状態で引き渡し、または移転する義務（以下「引渡義務等」という）を負うものと規定する。また、本文の括弧書は、遺贈目的である物または権利が不特定である場合を想定し、当該物または権利が相続開始の後に遺贈の目的として特定した場合には、その特定した時の状態で引渡義務等を負うものと規定する。

　本条は、債権法改正における贈与の担保責任に関する規律の改正を参照する。同改正では、売買等の有償契約における担保責任の法的性質に関して、いわゆる法定責任説を否定し、契約責任説の考え方を採用した。売買の売主は、目的物が特定物か不特定物かを問わず、その種類および品質等において契約内容に適合する物を引き渡す義務を負い、引き渡した物が契約内容に適合していない場合には、買主に追完請求（民法562条）、代金減額請求（民法563条）、損害賠償請求・解除（民法564条）が認められる。この規律は、権利の不適合の場合に準用される（民法565条）。そして同改正では、無償行為である贈与契約においても、同じく契約責任説を採用し、贈与者が契約内容に適合する目的物を相手方に引き渡す義務を負うことを不文の原則とする。その上で、贈与者の担保責任に関する債権法改正前民法551条1項について、贈与の無償性にかんがみて、贈与者が「贈与の目的である物又は権利を、贈与の目的として特定した時の状態で引き渡し、又は移転することを約したものと推定する」と大幅に改正された。これに合わせて、民法551条の見出しも「贈与者の担保責任」から「贈与者の引渡義務等」へと変更された。これら契約法での規定改正に伴って、遺贈においても遺贈義務者の担保責任に関する規律の見直しの必要性が意識された（部会資料10・18頁）。

　改正前民法998条は、不特定物の遺贈義務者の担保責任を定めていた。同条1項は、不特定物の遺贈において、受遺者が第三者（遺贈された物の権利者）から追奪を受けたときは、「遺贈義務者は、これに対して、売主と同じく、担保の責任を負う」と規定していた。また、同条2項は、不特定物の遺贈において、物に質的瑕疵があったときには、「遺贈義務者は、瑕疵のない

物をもってこれに代えなければならない」と規定していた。ところが、上記のとおり、債権法改正では、いわゆる特定物ドグマを否定し、目的物が特定物か不特定物かにかかわらず、売買の買主は追完請求権等を有するとされた。そして、贈与においても基本的には同様の考え方を採用しつつ、その無償性にかんがみて、特定物か不特定物かにかかわらず贈与者の引渡義務等が規定された（民法551条1項）。この点と平仄を合わせるならば、同じく無償行為である遺贈においても、同様の枠組みが採用されるべきである。それにもかかわらず、仮に改正前民法998条の規律を維持しようとするならば、同条は、不特定物に限って遺贈義務者の追完義務に関する特則を設けたものと位置付けることになる（部会資料10・19頁）。もっとも、このような特則は不特定物の遺贈に限られず、特定物の遺贈の場合にも当てはまるはずのところ、両者で異なる取扱いをすべき理由は明らかではない。また、そもそも同じく無償行為である贈与契約では、改正前民法998条のような特則は設けられておらず、遺贈の場合にのみ特則を置く明確な理由も不明である。こうした点を勘案すると、遺贈についてのみ同条を維持して特則を設けることは、民法体系上のバランスを欠くことになる。そのため、同条を削除した上で、遺贈目的物が特定物か不特定物かを問うことなく、遺贈義務者の引渡義務等に関する一般的な規律を定めるに至った（部会資料10・19頁）。

　他方で、中間試案の段階では、本条の対象が「相続財産に属する財産」を遺贈目的とした場合に限定され、「相続財産に属しない財産」を遺贈目的とした場合（いわゆる他人物遺贈）は本条の対象外とされていた（中間試案補足説明43頁）。そもそも他人物遺贈は、特定物か不特定物かを問わず原則として無効である（民法996条本文）。ただし、その権利が相続財産に属するか否かにかかわらず、これを遺贈の目的としたものと認められるときは、例外的に有効となる（同条ただし書）。そして、同条ただし書によって有効となる場合には、遺贈義務者は、その権利を取得して受遺者に移転する義務を負い（民法997条1項）、この権利の取得が不能または取得に過分の費用を要す

るときは、遺言中で遺言者が別段の意思を表示していなければ、遺贈義務者は、その価額を弁償しなければならない（同条2項）。これら他人物遺贈の規定は、同じく無償性を特質とする贈与には存在していない。もっとも、遺贈の場合には、基本的には遺言書の記載内容から遺言内容を確定する必要があり、遺言者の意思が明らかでない場合の処理規準を明確にする必要性が高いことから、他人物遺贈における権利の取得義務に関するデフォルト・ルールが置かれたのであり（部会資料24-2・24頁）、改正後もそのまま維持される。ところで、特定物を目的とする他人物遺贈では、その権利の取得義務のみならず、物の引渡義務についても、遺言者の意思が明らかでない場合の処理規準を明確にする必要がある。本条の改正前には、この点の明文規定がなかったところ、贈与者の担保責任の規律（債権法改正前民法551条）を参照し、遺贈においても、特定物については「現状での引渡し」で足りるとして、遺贈義務者の担保責任が否定されると解されていた。もっとも、上記のとおり、債権法改正によって、民法551条は、贈与者の担保責任から引渡義務等へと大幅に改正された。そこで、特定物を目的とする他人物遺贈の場面も対象に含める形で、遺贈義務者の引渡義務等に関する一般的な規律を定める必要性が意識された。その一方で、不特定物を目的とする他人物遺贈の場合には、上記のとおり、従来は改正前民法998条1項によって、売主と同じく追奪担保責任を負うものと規定されていた。本条の中間試案のように、仮に改正前民法998条を削除した上で、本条の引渡義務等の対象を「相続財産に属する財産」の場合に限定するならば、遺言者があえて相続財産に属しない不特定物を遺贈した場合における遺贈義務者の引渡義務等の規律が相続法の中から抜け落ちることになる。以上のことから、特定物と不特定物とを区別することなく他人物遺贈の場面も広く対象に含めた遺贈義務者の引渡義務等に関する包括的なルールを構築する必要性が意識されるに至った（部会資料24-2・23頁）。このようなルールを検討するにあたって、例えば遺言者が自己の死亡後に遺贈義務者に取得させる意思であえて他人物を遺贈の対象と

した場合に、他人物贈与と異なる取扱いを規定する合理的な説明は困難である。また、遺贈は贈与の場合よりも一般にデフォルト・ルールを明確に定める必要性が高いことからすれば、贈与の場合には対象財産に特段の限定が付されていないのに、遺贈の場合には相続財産に属する財産の場合に限定した規定を設け、他人物遺贈については解釈にゆだねることとするのは相当でない（部会資料24-2・25頁）。これらの点を考慮して、本条は、遺贈の目的が「相続財産に属する財産である場合」に対象を限定していない。

　以上から、本条本文は、遺贈の目的財産に限定を付すことなく、遺贈義務者の引渡義務等に関するデフォルト・ルールを定めるに至ったものである。なお、本条による義務違反の効果や、今回維持された他人物遺贈の規律（民法996条、997条）と本条の具体的な適用関係については、今後の解釈にゆだねられる（詳細な解説書・注釈書等を参照）。

(3)　本条ただし書は、前記(2)の本文の規律が、あくまでも遺言者の通常の意思を前提としたものにすぎないことから、その遺言において、遺言者が異なる意思を表示していた場合には、遺贈義務者はその意思に従った履行をすべき義務を負うことを明記するものである（部会資料10・18頁）。

〔渡邊　力〕

14　第三者の権利の目的である財産の遺贈

> 改正前民法第1000条——削除

　改正前民法1000条は、特定遺贈の目的である物または権利が、遺言者の死亡の時点において第三者の権利の目的となっていた場合には、当該遺贈の受遺者は、遺言者が遺言で反対の意思を表示していた場合を除いて、当該第三者の権利の消滅を遺贈義務者に請求することができないと定めていた。しかし、改正後の民法998条によって遺贈義務者の引渡義務等に関するデフォルト・ルールが設けられたため、特定遺贈の目的である物または権利が第三者

の権利の目的となっていた場合においても、遺贈義務者は、その状態で引き渡し、または権利を移転すれば足りることとなる。このように、改正後の民法998条によって当該第三者の権利を消滅させる必要のないことが明確となったために、改正前民法1000条は削除された（部会資料24-2・25頁）。

〔渡邊　力〕

15　遺言執行者の任務の開始

> **第1007条**
> 1　遺言執行者が就職を承諾したときは、直ちにその任務を行わなければならない。
> 2　遺言執行者は、その任務を開始したときは、遅滞なく、遺言の内容を相続人に通知しなければならない。

(1)　本条1項は、改正前民法1007条と同一である。

(2)　本条2項は、遺言執行者に相続人に対する通知義務を課すものである。遺言執行者が、相続人が知らないままに、預金の解約その他処分行為を行って、相続人との間でトラブルになることがみられるため、新設されたものである。通知は、遺言執行者が任務を開始してから遅滞なく行うものとされ、その内容は、遺言の内容とされている。

なお、中間試案パブリックコメントにおいて、相続人の所在が不明の場合には通知義務を負わない旨を明記するべきとの意見があった。しかし、こうした場合に通知義務を履行する必要がないことは当然だと考えられること、通知義務を定める民法の他の規定（354条、385条など）でも、通知義務を負わない場合についての定めはとくに置かれていないことを考慮して、この点に関する適用除外の規定は置かれていない（部会資料17・23頁）。

〔吉永一行〕

16 遺言執行者の権利義務

> **第1012条**
> 1 遺言執行者は、遺言の内容を実現するため、相続財産の管理その他遺言の執行に必要な一切の行為をする権利義務を有する。
> 2 遺言執行者がある場合には、遺贈の履行は、遺言執行者のみが行うことができる。
> 3 第644条、第645条から第647条まで及び第650条の規定は、遺言執行者について準用する。

(1) 本条1項は、改正前民法1012条1項に、「遺言の内容を実現するため」という一節を加え、遺言執行者の職務を明確にしたものである。

　遺言の内容の実現は、本来、遺言者の権利義務の承継人である相続人が行うべきものである。しかし、遺言の内容によっては、遺言によって利益を受ける受遺者などと相続人との利害が対立し、相続人間に意見の不一致が存在し、あるいは一部の相続人が協力しないといったことによって、遺言の公正な執行が期待できない場合がある。遺言執行者制度の趣旨は、このような場合に、遺言の執行を遺言執行者にゆだねることにより、遺言の適正かつ迅速な執行の実現を可能とすることにあると考えられる。このため、遺言執行者は、必ずしも破産管財人のように中立的な立場において職務を遂行することが期待されているわけではなく、遺言者の意思と相続人の利益とが対立する場面でも、あくまでも遺言者の意思を実現するために職務を行えば足りるものと考えられる（中間試案補足説明46頁）。本条1項は、この趣旨を明文化するものである（なお改正前民法1015条が「遺言執行者は、相続人の代理人とみなす」と定めていたことについては、改正後の民法1015条の解説19を参照）。

(2) 本条2項は、遺言執行者がある場合における、遺贈の履行者について定

16 遺言執行者の権利義務

めるものである。通常は相続人が遺贈義務者となるが、遺言執行者がある場合に、遺言執行者が（あるいは遺言執行者のみが）遺贈の履行者となるかという点について、改正前民法には規定がなかった。判例は、不動産の特定遺贈について、目的不動産の所有権移転登記を求める訴えの被告適格を持つのは遺言執行者のみであり、相続人はその適格を有しないと判示しており（最二小判昭43．5．31民集22巻5号1137頁）、本条2項は、その趣旨を明確化したものである（部会資料25-2・15頁）。

なお、特定財産承継遺言に関する遺言執行者の権限（改正後の民法1014条2項）については、被相続人は、遺言で別段の意思を表示することができる（同条4項）とされているのに対して、本条2項では、別段の意思の表示に関する規定が置かれていない。これは、本条2項が遺贈の履行請求の相手方について定めているところ、遺言者がこれについて別段の定めを置こうとするならば、遺贈ごとに異なる遺言執行者を指定する（あるいは遺言執行者をそもそも置かない）などの方法を取ることができるため、別段の意思の表示を認める必要はないと考えられるからである（部会資料26-2・5～6頁）。

(3) 本条3項は、改正前民法1012条2項を実質的に変更するものではない。「民法の一部を改正する法律」（平成29年法律44号）による民法の改正（いわゆる債権法改正）により、644条の2が644条の次に新設される一方、1012条における準用の対象とならないため、文言が修正されたものである。今回の相続法改正において、民法の一部を改正する法律が改正され、1012条2項を改正するとしていた文言が、1012条3項を改正するとの文言に修正されている（民法及び家事事件手続法の一部を改正する法律〔平成30年法律72号〕30条）。

☞関連する家事事件手続法215条の改正については、**第2部3**参照。

〔吉永一行〕

17 遺言の執行の妨害行為の禁止

> **第1013条**
> 1 遺言執行者がある場合には、相続人は、相続財産の処分その他遺言の執行を妨げるべき行為をすることができない。
> 2 前項の規定に違反してした行為は、無効とする。ただし、これをもって善意の第三者に対抗することができない。
> 3 前二項の規定は、相続人の債権者（相続債権者を含む。）が相続財産についてその権利を行使することを妨げない。

(1) 本条1項は、改正前民法1013条と同一である。

(2) 本条2項は、本条1項の制限に反して相続人がした行為の効力を定めるものである。改正前民法には、これに関して定める規定はなかった。判例（大判昭5.6.16民集9巻550頁）は、改正前民法1013条に反する相続人の行為は、遺言執行者との関係のみならず、第三者との関係でも無効となる（絶対無効）としていた。本条2項本文は、それを明文の規定としたものである。

同項ただし書は、遺言の内容を知りえない第三者の取引の安全を図るために、善意の第三者を保護する旨を定めたものである。なお、第三者に遺言の内容に関する調査義務を負わせるのは相当でないことから、保護要件としては、無過失であることまでは要求されず、善意であれば足りるとされている（中間試案補足説明49頁〔【乙案】に関する説明を参照〕）。

(3) 本条3項は、本条1項および2項によっても、相続債権者または相続人の債権者が、その債権に基づいて相続財産に対して差押えなどの権利行使をすることが妨げられない旨を定めるものである。本条1項および2項を、相続人自身の任意処分に限るとの趣旨で解釈することもできるが、本条3項は、この点を解釈にゆだねず、明文で定めることとしたものである。

相続債権者（相続財産に属する債務の債権者をいう。民法927条）は、被相続人の生前には、被相続人に属する財産に対して、権利を行使することができる立場にある。そして、相続が、被相続人の法的地位を包括的に承継するという相続の性質を持つのだとすれば、相続の開始によって、相続債権者の地位に著しく変動が生じるのは相当ではないと考えられ、このことは遺言執行者がいる場合であっても変わらない。このため、相続債権者が被相続人に属していた財産であるところの相続財産に対して権利を行使するにあたっては、遺言執行者の存在を知っているか否かを問わないこととしたものである（部会資料21・39～40頁）。なお、具体的な権利の行使にあたっては、改正後の民法902条の2が適用される。

　なお本条3項は、相続債権者を含む「相続人の債権者」に適用されるものと定められている。ここで、相続債権者以外の相続人の債権者とは、相続開始前から相続人に対して債権を持つ者であり、もともと相続財産に属する財産を責任財産として予定していない。しかし、改正前民法においては、限定承認や財産分離など、相続債権者とそれ以外の相続人の債権者とを区別して取り扱うことが制度上必要不可欠である場合を除いて、両者を同列に取り扱っている。このため、本条の適用に関しても、両者を同列に取り扱うこととしている（部会資料24-2・39頁）。

〔吉永一行〕

18　特定財産に関する遺言の執行

> **第1014条**
> 1　前三条の規定は、遺言が相続財産のうち特定の財産に関する場合には、その財産についてのみ適用する。
> 2　遺産の分割の方法の指定として遺産に属する特定の財産を共同相続人の一人又は数人に承継させる旨の遺言（以下「特定財産承継遺言」という。）があったときは、遺言執行者は、当該共同相続人が第899条

> の2第1項に規定する対抗要件を備えるために必要な行為をすることができる。
> 3　前項の財産が預貯金債権である場合には、遺言執行者は、同項に規定する行為のほか、その預金又は貯金の払戻しの請求及びその預金又は貯金に係る契約の解約の申入れをすることができる。ただし、解約の申入れについては、その預貯金債権の全部が特定財産承継遺言の目的である場合に限る。
> 4　前二項の規定にかかわらず、被相続人が遺言で別段の意思を表示したときは、その意思に従う。

(1)　本条1項は、改正前民法1014条と同一である。
(2)　本条2項は、特定財産承継遺言があったときに、受益相続人が対抗要件を備えるために必要な行為をすることも、遺言執行者の権限に含まれる旨を新たに定めるものである。

　特定財産承継遺言とは、「遺産の分割の方法の指定として遺産に属する特定の財産を共同相続人の一人又は数人に承継させる旨の遺言」をいう。これは、最二小判平3.4.19（民集45巻4号477頁）が、特定の遺産を特定の相続人に「相続させる」趣旨の遺言（いわゆる「相続させる」旨の遺言）について、特段の事情のない限り、遺産分割の方法が指定されたものと解するべきだとしていることを踏まえたものである。

　不動産登記実務上、相続させる遺言については不動産登記法63条2項により受益相続人が単独で登記申請することができることとされている。このため、遺言執行者にその権限を付与する必要はないとも考えられる。しかし、近時、相続時に相続財産に属する不動産について登記がされないために、その所有者が不明確になっている不動産が多数存在することが社会問題となっている。これにかんがみて、不動産についての対抗要件具備行為も遺言執行者の権限に含めることとしたものである（中間試案補足説明51頁）。また、

最一小判平11.12.16（民集53巻9号1989頁）が、相続させる旨の遺言がされた場合において、受益相続人以外の相続人が自己への所有権移転登記を経由しているときは、遺言執行者が、当該移転登記の抹消登記手続のほか、受益相続人への真正な登記名義の回復を原因とする登記請求権を持つとしていることも、参考にされている（中間試案補足説明50頁）。

　なお、「相続させる」旨の遺言がされた場合について、判例は、「何らの行為を要せずして、当該遺産は、被相続人の死亡の時に直ちに相続により承継される」（前掲最二小判平3.4.19）と解した上で、「相続させる」旨の遺言による不動産の権利の取得については、登記なくして第三者に対抗することができる（最二小判平14.6.10金法1660号35頁）としていた。しかし、改正後の民法899条の2は、こうした「相続させる」旨の遺言によるものも含めて、相続による権利の承継は、法定相続分を超える部分については、対抗要件を備えなければ、第三者に対抗することができないこととした。このことも、受益相続人が対抗要件を備えるために必要な行為をすることを遺言執行者の権限に含める必要性を高めるものとして考慮に入れられている（中間試案補足説明50頁）。

　また、部会審議においては、動産について特定財産承継遺言がされた場合には、遺言執行者に過度の負担を課すことになるとして、遺言執行者は引渡しをする権限を持たないとすることが提案されもした（部会資料22-1・10頁、部会資料22-2・22頁）。しかし、最終的には、動産についてのみ対抗要件具備の権限を持たないとすることに疑問も呈され、遺言執行者の一般的な権限として、動産も含めた対抗要件具備権限を付与することとしている（部会資料23-2・13頁）。

(3)　本条3項は、特定財産承継遺言により承継される財産が預貯金債権である場合に、遺言執行者が、本条2項の定める対抗要件具備行為に加えて、預貯金の払戻請求および預貯金契約の解約申入れについても権限を持つ旨を新たに定めるものである。銀行実務においては、相続させる旨の遺言がされた

場合に、受益相続人に名義変更をして預金口座を維持することはほとんどなく、遺言執行者から預金の解約や払戻しを求められれば、これに応じていることが多いといわれている（中間試案補足説明52頁）。本条3項は、そうした実務を考慮して設けられたものである。なお、預貯金の一部のみについて特定財産承継遺言がされた場合にも預貯金契約の全部を解約できることとすれば、遺言執行者に遺言の執行に必要な権限を超えた処分権限を与えることになりうることなどから、遺言執行者に預貯金契約の解約権限が付与されるのは、預貯金債権の全部が特定財産承継遺言の目的である場合に限るものとされている。

また、預貯金債権以外の債権や金融商品（投資信託など）については、様々なものが想定されることから、遺言執行者の権限に関する任意規定（法律上の推定規定）を置かず、遺言者の意思解釈にゆだねることとされている（部会資料20・35～36頁）。

(4) 本条4項は、本条2項および3項の規定にかかわらず、被相続人が遺言で別段の意思を表示したときはその意思に従うこと、すなわち本条2項および3項が任意規定であることを新たに定めたものである。

〔吉永一行〕

19 遺言執行者の行為の効果

> **第1015条**
> 遺言執行者がその権限内において遺言執行者であることを示してした行為は、相続人に対して直接にその効力を生ずる。

(1) 本条は、改正前民法1015条が、遺言執行者の地位について「相続人の代理人とみなす」と定めていたのを削除した上で、遺言執行者の行為の効果が相続人に帰属することを新たに明示的に定めたものである。

改正前民法1015条（明治31年の制定当時は1117条）の規定をめぐっては、

既に起草委員自身が「通常ハ相続人ニ敵対スル者ヲ拵ヘタイガ為メニ遺言者ガ遺言執行者ヲ拵エルノデアル…相続人ノ代理人ト看ルト云フコトハ事柄ノ性質カラ又遺言者ノ意思カラ考ヘテ見テモ不穏当ノ論デアル」（法典調査会民法議事速記録〔学振版〕64巻119丁裏〔富井政章発言〕）、「感覚上カラ言フト遺言者ノ代理人ト言ヒタイ」（同122丁裏〔梅謙次郎発言〕）と発言するなど、遺言執行者が遺言者（被相続人）のために行為することと整合しない点で、問題を含んだものであることが指摘されていた。それでも、相続の開始により相続財産の主体が被相続人から相続人に移っていることから、遺言執行者の地位を「相続人の代理人」とみなすこととしていたものである。

その後の学説では、解釈論としては、同条の趣旨を、遺言執行者の行為の効果が相続人に帰属すること（この結論自体に異論はなかった）を明らかにする点にあるとみた上で、立法論として、これを「相続人の代理人」という構成に仮託するのでなく、遺言執行者に独自の地位を認めて必要な権限を与える法規定を設けるべきだとする主張が有力に行われていた。

判例にも、傍論ではあるが、「遺言執行者の任務は、遺言者の真実の意思を実現するにあるから、民法1015条が、遺言執行者は相続人の代理人とみなす旨規定しているからといつて、必ずも相続人の利益のためにのみ行為すべき責務を負うものとは解されない」と述べるものがある（最三小判昭30．5．10民集9巻6号657頁）。

(2)　以上のような状況を踏まえて、本条は、「相続人の代理人」という表現を使わないこととし、この表現の実質的な意味である遺言執行者のした行為の効果が相続人に直接に帰属する旨を明示することとしたものである（中間試案補足説明48頁）。この改正はまた、改正後の民法1012条が、遺言執行者の職務が、相続人の利益のためでなく、あるいはまた破産管財人のように中立的に行われるのでもなく、「遺言の内容を実現する」ためのものであることを明示したことと、平仄を合わせるものでもある。

〔吉永一行〕

20　遺言執行者の復任権

> **第1016条**
> 1　遺言執行者は、自己の責任で第三者にその任務を行わせることができる。ただし、遺言者がその遺言に別段の意思を表示したときは、その意思に従う。
> 2　前項本文の場合において、第三者に任務を行わせることについてやむを得ない事由があるときは、遺言執行者は、相続人に対してその選任及び監督についての責任のみを負う。

(1)　本条1項は、遺言執行者が自己の責任で自由に復任を行うことができる旨を定めるものである。

改正前民法1016条本文は、「遺言執行者は、やむを得ない事由がなければ、第三者にその任務を行わせることができない」として、復任権を制限していた。遺言執行者は、法定代理人と解されるものの、とりわけ遺言において指定された場合に顕著に現れるように、遺言者との信頼関係に基づいて選任されることが多く、任意代理人に近い関係がある。このため、任意代理人と同様の復任権の制限（民法104条）が定められているとの説明が一般的に行われてきた。

しかし、遺言執行者の職務は非常に広範に及ぶことがあり、その執行を適切に行うために相応の法律知識が必要となることもある。このため、事案によっては、弁護士等の法律専門家に一任した方が適切な処理を期待することができる場合もある。その一方で、遺言執行者の場合には、任意代理人による復代理人選任（民法104条）のように本人の許諾を得て復任を行おうとしても、許諾を行うべき本人がいない状況にある。こうしたことが遺言執行者の任務の遂行を困難にしている面があると考えられて、遺言執行者についても、他の法定代理人と同様の要件（民法105条前段）で、復任権を認めるこ

ととしたものである（中間試案補足説明53～54頁）。

　なお、こうした復任権に関する定めは任意規定であり、遺言者がその遺言に別段の意思を表示したときは、その意思に従うべきことが、本条1項ただし書に定められている。

(2)　本条2項は、遺言執行者が復任をすることについてやむをえない事由があるときは、遺言執行者の相続人に対する責任が、その選任および監督についてのものに縮減される旨を定めるものである。法定代理人に関する民法105条後段と同じ趣旨の規定である。

〔吉永一行〕

21　撤回された遺言の効力

> **第1025条**
> 　前三条の規定により撤回された遺言は、その撤回の行為が、撤回され、取り消され、又は効力を生じなくなるに至ったときであっても、その効力を回復しない。ただし、その行為が錯誤、詐欺又は強迫による場合は、この限りでない。

　本条本文は、遺言者の最終意思を尊重するために、旧遺言を新遺言で撤回等した場合には、旧遺言の効力が生じないことを定める。もっとも、改正前民法1025条ただし書は、新遺言が「詐欺又は強迫」により行われた場合には、旧遺言の効力を維持するというのが遺言者の意思であることから、旧遺言が復活する旨を定めていた。

　債権法改正以前も、本条は、錯誤による無効の場合——無効の場合には一般に撤回行為が当初から効力が生じないとの理解から（意思無能力者による撤回行為は当初より無効〔大阪高判平2.2.28判時1372号83頁〕）——、本条の適用はないとも考えられた（部会資料24-2・26頁）。

　債権法改正において、錯誤に基づく意思表示は詐欺、強迫による意思表示

とともに取消し(民法95条)の対象とされた。そこで、今回の改正により、本条においても、錯誤に基づく取消しの場合には、本条本文の適用は受けないことが規定された。この結果、新遺言が錯誤により取り消される場合にも旧遺言が復活することになる。

〔冷水登紀代〕

22 配偶者居住権

> **第1028条**
> 1 被相続人の配偶者(以下この章において単に「配偶者」という。)は、被相続人の財産に属した建物に相続開始の時に居住していた場合において、次の各号のいずれかに該当するときは、その居住していた建物(以下この節において「居住建物」という。)の全部について無償で使用及び収益をする権利(以下この章において「配偶者居住権」という。)を取得する。ただし、被相続人が相続開始の時に居住建物を配偶者以外の者と共有していた場合にあっては、この限りでない。
> 一 遺産の分割によって配偶者居住権を取得するものとされたとき。
> 二 配偶者居住権が遺贈の目的とされたとき。
> 2 居住建物が配偶者の財産に属することとなった場合であっても、他の者がその共有持分を有するときは、配偶者居住権は、消滅しない。
> 3 第903条第4項の規定は、配偶者居住権の遺贈について準用する。

(1) 今回の改正では、配偶者居住権という新しい権利の類型が配偶者短期居住権とともに創設された。現代社会においては、国民の平均寿命が延び、被相続人の死亡後、その配偶者が長期間にわたって生活を継続することも少なくない。配偶者がこれまで住み慣れた居住環境での生活の継続を希望する場合に、被相続人やその他の共同相続人の意思にかかわらず、配偶者の意向に沿った遺産の分配を実現するための方策が求められるようになった。

22 配偶者居住権

　改正前民法のもとでも、遺言や遺産分割により配偶者が従前より居住している建物の所有権を取得することはできた。配偶者の居住環境を維持するためだけであれば、配偶者と建物の所有権を取得した相続人との間で賃貸借契約を締結するという方法でも足りる。

　しかし、配偶者が評価額の高い居住建物の所有権を単独で取得すると、その法定相続分の範囲内でそれ以外の遺産（主に流動資産など）を取得する余地がなくなり、その後の生活に支障を来す可能性が懸念される。また、当該建物の所有者となった相続人との間で賃貸借契約を締結する方法も、建物所有者が円滑に賃貸借契約の締結に応じるとは限らないため、配偶者の居住権が確保されない可能性が残る（部会資料2・1頁）。

　さらには、配偶者の一方が他方の配偶者の居住権を保護しつつ、他方の配偶者の死亡後に確実に自分の子に当該建物を相続させたいと考える場合、これを遺言により確実に実現することが改正前民法のもとでは困難な状況にあるともいわれている（第2回部会議事録5頁、いわゆる「後継ぎ遺贈」に係る最二小判昭58．3．18判時1075号115頁も参照）。

　そこで、居住建物の所有権を使用権の部分とその余の部分に分割するための受け皿として、配偶者居住権に独自の存在意義があるものと考えられた。
(2)　配偶者居住権は、従前の用法に従い建物の使用および収益を目的とする賃借権類似の法定の債権として構成されている（部会資料11・5頁）。そのため、後述するように、取得原因、消滅事由、対抗要件の具備、権限の範囲、修繕、費用負担、原状回復等の諸問題について、配偶者居住権の性質に即した特則が置かれるとともに、使用貸借・賃貸借に関する規定の一部が準用されている。
(3)　権利の存続期間中は第三者対抗力を認める必要性があること、また長期間にわたり建物を使用および収益することができない所有者の不利益を考慮し、所有者が負うべき義務を配偶者の使用を受忍するという内容にとどめるのが望ましいことから、配偶者居住権を新たな制限物権（用益物権）とする

ことも検討された（部会資料6・8頁）。遺産分割のオプションを増やす観点から、居住権による保護が要請される相続人の居住利益一般を包含する受け皿として居住権を構想する場合には、こうしたアプローチも選択肢として十分考慮に値する。

　しかし、立法趣旨からして、配偶者居住権をあえて用益物権として構成すべき必要性に乏しい上、配偶者居住権をあまりに強力な権利として保護しすぎると、不動産の流通を阻害するおそれもある。配偶者居住権を設ける狙いは、相続時における配偶者の従前の居住利益をそのまま終身保障することに尽きており、特定人に身分法上の属性と結合した形でその人限りの居住権を認めれば足りる（第2回部会議事録41頁）。このような権利の性質に照らすと、建物を客体とする用益物権を容認しない改正前の民法典の基本的な枠組みに手を付けることなく、賃貸借や使用貸借といった契約関係の設定によることなく債権的な利用権を付与するための根拠規定を新設すべきであると考えられたのである。

⑷　配偶者居住権は、無償で建物を使用収益しうる限りにおいて使用借権と類似するが、財産権として一定の価値があるものと評価され、遺産分割において具体的相続分に算入される。配偶者短期居住権が遺産分割の際に具体的相続分として考慮されないのと大きく異なる。つまり配偶者居住権を取得すると、配偶者は居住建物の財産的価値に相当する金額（財産評価額）を相続したものと扱われる結果、居住建物以外の遺産からは、自己の具体的相続分から配偶者居住権の財産評価額を控除した残額のみについて財産を取得すべきことになる。仮に遺産の中で財産的価値が高いものが居住建物以外にない場合、具体的相続分を超える形で配偶者居住権を取得するために配偶者は代償金を支払わなければならない事態も生じうるのである（第6回部会議事録12頁。居住権の財産評価額が配偶者の具体的相続分を超過しても、配偶者は差額を償還する必要はないとする立法例もあるが、それでは他の相続人の具体的相続分がその差額分だけ減少し、相続財産の分配につき著しい不均衡を

生じかねないため、採用されなかった〔部会資料2・8頁〕)。

(5) 配偶者居住権の財産評価については、遺産分割時に配偶者が自己の相続分によって賃借権類似の権利を取得するとともに存続期間全体について賃料相当額の前払いをしたのと同様の評価をする方式(「全額前払方式」)が採用されている(第15回部会議事録18頁)。この場合、配偶者居住権の財産評価額は、建物賃借権の評価額+(建物の賃料相当額×存続期間−中間利息額)という計算式に従って算定される(部会資料6・11頁)。

これとは別に、配偶者が存続期間中建物使用の対価を支払う場合も考えられ、この場合は、遺産分割時に相続財産に賃借権が含まれる場合とほぼ同じ方法で財産評価が行われることになる。もっとも、配偶者相続権は、具体的相続分の範囲内で終身まで居住建物を無償で利用する権利であり、その終期が不安定であるばかりでなく、さらに死亡以外の事由によって消滅する可能性もあるというリスクを内包するものであり、その財産的評価においては、賃借権と異なる考慮を必要とする。

(6) 配偶者居住権は、賃借権および使用借権と同様に、居住建物の使用および収益権限を有し、かつ配偶者が被相続人の生前建物の一部しか居住目的で使用していなかった場合(例えば、配偶者が相続開始前に建物の一部を居住用、残部を事業用として使用していた場合、あるいは配偶者が建物の一部のみを使用し、残部を専ら他の者が使用していた場合であっても、建物全体について配偶者居住権を取得することができる〔部会資料15・9頁〕)。配偶者短期居住権において、配偶者が居住建物の使用権限しか有しない一方で、建物の一部についても成立しうる点において異なっている(部会資料23-2・1頁)。

(7) 本条1項は、配偶者居住権の取得原因として遺産分割および遺贈のみを挙げている。すなわち遺言による配偶者居住権の取得要件について「遺産分割方法の指定」(「特定財産承継遺言」〔改正後の民法1014条2項、部会資料24-2・6頁〕)が除外されている。これは、遺産分割方法の指定がされた場

合、配偶者は相続そのものを放棄しない限りこれを放棄することができないため、かえって配偶者の保護に欠ける結果となるおそれがあるからである。したがって、遺言中に「配偶者に配偶者居住権を相続させる」旨の記載があった場合でも、遺産分割方法の指定ではなく、遺贈と解すべき特段の事情（最二小判平３．４．19民集45巻４号477頁）があると解釈すべきものとされている（部会資料15・11頁）。

　なお、死因贈与には、その性質に反しない限り、遺贈に関する規定が準用され（民法554条）、配偶者は被相続人との死因贈与契約に基づいて配偶者居住権を取得することもできる（部会資料26-1・4頁）。

(8)　本条１項ただし書によると、被相続人が相続開始の時に居住建物を配偶者以外の者と共有していた場合は、配偶者居住権は成立しない。裏を返せば、相続開始前から配偶者が居住建物についてもともと共有持分を有していた場合や、配偶者が相続により居住建物の共有持分を取得した場合にも配偶者居住権は成立しうる（部会資料25-2・6頁）。

(9)　配偶者がもともと居住建物の共有持分を有する場合、自己の持分に基づき居住建物を使用することができる以上、重ねての配偶者居住権による保護は無用のようにも思われる。しかし、配偶者が居住建物につき共有持分を有していても、他の共有者が配偶者に対して不当利得返還または共有物分割を求めることがありうる。とくに近時は夫婦の共有名義で夫婦の居住建物を購入する場合が多くみられる。そこで、このような場合においても配偶者居住権の成立を認める必要がある。

(10)　これに対して、被相続人が配偶者以外の第三者と建物を共有していた場合に配偶者居住権を成立させると、その第三者を配偶者居住権の債務者と扱うべきことになる。しかし、被相続人の遺言や共同相続人間の遺産分割協議により、当該第三者に配偶者による無償の居住を受忍するという負担を生じさせることを正当化することはできない。第三者が同意した場合に限り配偶者居住権の成立を認めることも考えられるが、配偶者居住権は被相続人が居

住建物について有していた権利の一部を独立の権利と捉えて相続により承継させるものであり、第三者の同意によって生じた権利をこれと同質のものと扱うことはできないことから、結局この場合における配偶者居住権の成立は否定されている（部会資料25-2・7頁）。

(11) 本条2項は、配偶者が配偶者居住権を取得した後、居住建物が配偶者の財産に属することになっても、他の者が共有持分を有するときは、配偶者居住権は消滅しないものとしている。配偶者居住権を有する者とその負担を有する者の一部が重複するから、混同により消滅する可能性が懸念されるが、この場合においても配偶者居住権の存続を認める必要がある。そこで自己借地権に関する借地借家法15条2項を参考として、配偶者が居住建物について共有持分を取得した場合においても配偶者居住権が消滅しないものとされた（部会資料25-2・8頁）。

(12) 受遺者が遺贈を放棄し、遺贈が効力を失った場合、受遺者が受けるべきであったものは相続人に帰属するのが原則である（民法995条本文）。しかし、配偶者居住権は、帰属主体を配偶者に限定した、いわば帰属上の一身専属権であるから、配偶者が遺贈の放棄をした場合に、配偶者居住権を他の相続人に帰属させることは相当でない。そこで配偶者居住権の遺贈の放棄については、民法995条の適用を除外すべきことが提案された（部会資料21・9頁、部会資料23-1・4頁）。もっとも、遺贈につき居住建物の所有権に関する部分と配偶者居住権に関する部分を一体として捉え、配偶者が遺贈の放棄をした場合は、建物の所有権に関する部分も含め遺贈が効力を失うとすれば、民法995条本文の適用により、建物自体が相続人に帰属することになるとも考えられる（部会資料15・11頁）。そのためか、その後の改正条文案（部会資料24-2以降）から上記の適用除外ルールの提案は姿を消した。

(13) 本条3項によると、改正後の民法903条4項が遺贈に準用される結果、婚姻期間が20年以上の夫婦の一方である被相続人が配偶者居住権を遺贈または死因贈与した場合には、持戻し免除の意思表示があったものと推定され

る。

〔石田　剛〕

23　審判による配偶者居住権の取得

> **第1029条**
> 　遺産の分割の請求を受けた家庭裁判所は、次に掲げる場合に限り、配偶者が配偶者居住権を取得する旨を定めることができる。
> 一　共同相続人間に配偶者が配偶者居住権を取得することについて合意が成立しているとき。
> 二　配偶者が家庭裁判所に対して配偶者居住権の取得を希望する旨を申し出た場合において、居住建物の所有者の受ける不利益の程度を考慮してもなお配偶者の生活を維持するために特に必要があると認めるとき（前号に掲げる場合を除く。）。

(1)　死因贈与・遺贈および遺産分割協議・調停による場合、配偶者の年齢や婚姻継続期間の長短にかかわらず、配偶者居住権を取得させることができる。これに対して、本条は、家庭裁判所が審判により配偶者に配偶者居住権を取得させることができる場合を、共同相続人全員の合意が成立しているときと、配偶者がその取得を希望する旨を申し出たことを前提として、居住建物の所有者の受ける不利益の程度を考慮しても配偶者の生活を維持するために、とくに必要があると認められるときに限定している。

(2)　本条1号は、配偶者居住権を取得させることについて相続人全員の合意が形成されているものの、他の財産の帰属について争いがあるので、全体として遺産分割協議・調停が成立しないという場合において、裁判所が審判で遺産分割をする場合、本条2号の要件を満たさなくても配偶者居住権を取得させることを可能にするための規定である（第19回部会議事録8頁）。

(3)　本条2号は、配偶者が居住建物について配偶者居住権の取得を希望して

いる場合でも、これが他の共同相続人の意思に反する場合は、配偶者に共有持分権を付与するなどの方策によって対処することもありうることに配慮し、配偶者居住権を取得することができる場合を限定するものである（部会資料15・10頁）。居住建物の所有権を取得することになる相続人が配偶者居住権の設定に同意していない場合にまで審判で配偶者居住権の設定を認めると、配偶者とその相続人との間で配偶者居住権の消滅等をめぐって紛争を生じる懸念があるため、部会審議の過程では、建物の所有権を取得することになる者の意思に反しないときに限るとすることも検討された。しかし、例えば、配偶者が被相続人の生前からともに居住していた建物が事実上唯一の遺産であり、かつ被相続人の先妻の子がいる場合などを想定すると、建物所有権を取得する相続人の意思に反しても配偶者居住権を認めるべき場合がありうると考えられた（部会資料19-1・10頁、第15回部会議事録23頁）。

配偶者居住権は居住建物の所有者にとって大きな負担を課すものであるが、配偶者以外の相続人は、通常、配偶者に対して扶養義務を負い、または負いうる関係にあるから、配偶者の生活を維持するために配偶者居住権を取得させることが、とくに必要と認められる場合に限れば、他の相続人がある程度の不利益を受けることがあってもやむをえないという評価に基づくものである（部会資料19-1・10頁）。

(4) 本条2号の「配偶者の生活を維持するために特に必要がある」という要件を充足するためにどのような要因が重視されるべきかに関しては、解釈にゆだねられている。仮に配偶者居住権の根拠を、配偶者が現在の住み慣れた住居に比較的低廉な価格で安定的に住み続けられるようにすることに求める場合には、生前からの「居住」以外の加重要件を設けるべきでないとも考えられる一方、配偶者が比較的若年である場合は、長期間にわたって建物の使用権部分とその余の部分が分離され、建物の流通を阻害する要因となるという問題が生じうる。

他方、婚姻関係を長期間継続した高齢配偶者の保護に配偶者居住権の実質

的根拠を求める場合、すなわち相続時に既に相当高齢であることが多い生存配偶者にとって住み慣れた住居を離れることは肉体的・精神的・財産的に大きな負担となる上、家主の貸し渋り等のために新たな賃借物件を見付けることが容易でない場合もあることから、そのような高齢配偶者の居住利益保護を図るためのものだとすれば、「居住」要件とは別に、年齢（例えば60歳以上）や一定期間（例えば10年）以上の婚姻期間の継続が「配偶者の生活を維持するために特に必要」かどうかを判断する上で、重要な因子になるものと考えられる（部会資料6・9頁）。

(5) 配偶者居住権の財産評価については、不動産賃借権と同様に、建物の賃料相当額×存続期間－中間利息額による計算をすることが考えられる。もっとも、建物の賃料相当額の算出には専門的な鑑定評価が必要であり、遺産分割協議において配偶者居住権の財産評価をする際に、常に専門官に鑑定を依頼するとなると、制度の活用が進まないおそれがある。また建物所有権が配偶者居住権部分と居住権の負担を除いた所有権の部分に分かれることにより、遺産総体としての評価額の減少が顕著に生じる可能性もある。そこで、上記計算式とは別に、遺産の評価額や評価方法について相続人全員の合意がある場合に配偶者居住権の価額を比較的容易に算出することができるような評価方法の検討も試みられてきた（部会資料19-1・11頁）。

すなわち建物の評価は、固定資産税評価額をベースとして、配偶者居住権が設定された場合に居住建物の所有者が得ることになる利益の現在価値を配偶者居住権付所有権の価額とした上で、その価額を何らの制約がない建物の所有権の価額から差し引いたものを配偶者居住権の価額とする方法が提案された（部会資料19-2・1頁）。

このように、配偶者居住権および配偶者居住権の負担のある建物の評価方法に関してはいくつかの方法があるところ、相続税において、①配偶者居住権の評価は、建物の時価－建物の時価×(残存耐用年数－存続年数〔配偶者の平均余命年数またはそれを上限として遺産分割協議等において定められた

存続期間数〕)／残存耐用年数×存続年数に応じた民法の法定利率による複利現価率、②居住建物の所有権の評価は、建物の時価－配偶者居住権の価額、③居住建物の敷地の利用に関する権利については、土地等の時価－土地等の時価×存続年数に応じた民法の法定利率による複利原価率、④居住建物の敷地の所有権等については、土地等の時価－敷地の利用に関する権利の価額、という計算式により算定されるべきものとされている（平成31年度税制改正の大綱〔平成30年12月21日閣議決定〕40頁）。

〔石田　剛〕

24　配偶者居住権の存続期間

> **第1030条**
> 　配偶者居住権の存続期間は、配偶者の終身の間とする。ただし、遺産の分割の協議若しくは遺言に別段の定めがあるとき、又は家庭裁判所が遺産の分割の審判において別段の定めをしたときは、その定めるところによる。

(1)　配偶者居住権が設定されると、その負担を受ける建物所有者は、その存続期間中、対価を得ることなく、配偶者による建物の使用を甘受しなければならない。そのため存続期間が明確に定められている必要がある。被相続人が遺言により、あるいは共同相続人が遺産分割協議において、配偶者の希望や状態に合わせて終期を定めることは自由であり、終期の定めがある場合はそれによる。もっとも、期間の延長や更新は認められない。本条は、特段の期間の定めがない場合でも、その取得原因に関係なく（遺言・遺産分割によるかどうかを問わず）、配偶者居住権は配偶者の終身の間のものと推定されるべきことを定めている。

(2)　存続期間に関しては、遺言または遺産分割協議において、「当分の間」あるいは「別途改めて協議する」とされた場合の扱いをどうすべきかという

問題が取り上げられ、遺贈または死因贈与と遺産分割協議による場合とで区別する可能性も検討された。すなわち、遺贈または死因贈与により配偶者居住権を設定する場合に限り、存続期間の定めがない場合に存続期間を終身とみなす規定を置く一方、遺産分割協議にはみなし規定を置かない提案がされた（部会資料22-1・3頁）。

　その趣意は次のとおりである。被相続人が遺贈または死因贈与により、その存続期間をとくに定めることなく、配偶者に配偶者居住権を取得させようとする場合、配偶者が望む限りその建物の使用を認める趣旨を有していたことが多いと考えられる（部会資料22-2・3頁）。また、持戻し免除の意思表示が推定されることから（改正後の民法1028条3項）、配偶者に不測の不利益が生じる可能性は低い。そうすると、存続期間の定めがないことを理由に遺贈または死因贈与が無効とされることで、配偶者の保護に欠ける事態が生じないように、期間を終身と推定する規定を置くことが望ましい。

　これに対して、遺産分割協議による場合、配偶者は配偶者居住権の価額に相当する金額を相続したものと扱われ、とくに一部分割の場合に存続期間を終身と定めた配偶者居住権を取得すると、その後の残部分割で流動資産などをわずかしか取得できず、配偶者の不利益になる事態も生じること、また遺産分割審判においては、裁判所が存続期間を定めないことは考え難いことから、遺産分割協議および審判についてみなし規定を設けるべきではないというわけである（部会資料22-2・4頁、部会資料23-2・3頁）。

　しかし、遺産分割協議において配偶者居住権の存続期間につき黙示的な合意すら認定できない事案も考えられる。このとき配偶者居住権の設定が無効になるリスクが同様に残る。そうであるならば、取得原因にかかわらず、終身のものと推定すべきだという考え方が採用され（第22回部会議事録2頁）、最終的に取得原因に応じた区別は撤廃された。

〔石田　剛〕

25 配偶者居住権の登記等

> **第1031条**
> 1 居住建物の所有者は、配偶者（配偶者居住権を取得した配偶者に限る。以下この節において同じ。）に対し、配偶者居住権の設定の登記を備えさせる義務を負う。
> 2 第605条の規定は配偶者居住権について、第605条の4の規定は配偶者居住権の設定の登記を備えた場合について準用する。

(1) 配偶者短期居住権が第三者対抗力のない純然たる債権であるのに対して、ある程度長期間の利用をも保障する必要がある配偶者居住権に関しては、第三者に対抗可能な権利として構成する必要がある。そこで、本条2項は、不動産賃借権に準じ、配偶者居住権を登記することにより（不動産登記法3条9号）、居住建物について物権を取得した者その他の第三者に対抗することができ（民法605条）、また、居住建物の占有を妨害する者に対する妨害の停止および不法に占有する者に対する明渡しを請求することができるものとしている（民法605条の4）。

配偶者居住権は、建物を客体とする債権的な利用権であることから、借家権と同様に、建物の引渡しをもって対抗要件とする（借地借家法31条）ことも考えられた。しかし、配偶者居住権を取得するには、相続開始時にその建物に居住していたことが要件とされているため、引渡しを対抗要件として認めても外観上は何ら変化がないことになる。それでは、相続債権者に不測の損害を与えるおそれがあり、相続債権者としては、それを見越した対応として、早期に権利の保全を行わなければならなくなるという問題が指摘され（部会資料11・5頁、第22回部会議事録8頁）、対抗要件を登記のみとすべきとされた。

(2) その上で、本条1項は、配偶者居住権を取得した配偶者が居住建物の所

有者に対して配偶者居住権の設定に係る登記請求権を有することを明らかにしている。不動産の賃借人は、特約がない限り、賃貸人に対して用法に従った使用および収益をさせることを請求できるだけで、原則として賃借権の登記請求権が認められていない（大判大10.7.11民録27輯1378頁）。これに対して、配偶者居住権においては、むしろ用益物権に準じて、その効力として建物所有者に対する登記請求権が内包されているものとされている。

(3)　遺贈および遺産分割協議・調停による配偶者居住権の取得に相続登記と同様に単独申請を認める可能性も検討された。しかし、配偶者居住権は、居住建物の所有権を制限する性質の権利として、居住建物の所有権に係る登記をした上で、設定されるべきものであり、配偶者居住権の登記手続に関して登記義務者を観念することができる。そうすると、権利の登記に関する原則に従い、配偶者居住権の登記も登記義務者（所有者）と登記権利者（配偶者）の共同申請による必要があることから（不動産登記法60条）、配偶者の単独申請を認める特則を設けることは避け、登記請求権を認めるにとどめた（部会資料23-2・5頁）。なお、居住建物の所有権移転登記が未了の場合、配偶者居住権を取得した配偶者は、配偶者居住権を設定する前提として、保存行為（民法252条）により、相続を原因とする所有権の移転の登記等を申請しなければならない（部会資料22-2・5頁）。

(4)　遺産分割の審判により配偶者居住権を取得する場合、遺産分割の審判は裁判官によって行われるから、判決による登記（不動産登記法63条1項）の場合と同様に、登記権利者（配偶者）の単独申請が可能かどうか問題となる（部会資料23-2・5頁）。登記義務の履行を命じる審判は、執行力のある債務名義と同一の効力を有することから（家事事件手続法75条）、一方の当事者に対し、特定の登記義務の履行を命じる審判が確定したときは、その者の登記申請の意思表示が擬制され、他方の当事者は、単独で登記を申請することができる。配偶者居住権の設定を命じる遺産分割審判においては、通常は下記のとおり、登記手続を併せて命じることが想定されている（同法196条）

(部会資料23-2・5頁〔同資料にいう「長期居住権」は配偶者居住権と同義である〕)。

「 被相続人の遺産を次のとおり分割する。
 1 配偶者Ａに対し、別紙物件目録記載の建物（以下「本件建物」という。）につき存続期間を配偶者Ａの終身の間とする長期居住権を設定する。
 2 相続人Ｂは、本件建物の所有権を取得する。
 3 相続人Ｂは、配偶者Ａに対し、本件建物につき、第１項記載の長期居住権を設定する旨の登記手続をせよ。
 4 （以下略）」

(5) 審判の主文に登記の履行を命じる旨の明示がない場合の扱いが問題となる。単独申請の要件である「確定判決」（不動産登記法63条１項）は給付判決を意味するものと解されている（大判大15.6.23民集5巻536頁）。判決において実体法上の物権が原告にあることが確認されたとしても、被告がその時点で当該物権について登記申請手続に協力する義務を負っているとは限らないからである。この点、配偶者居住権については、審判において、配偶者に配偶者居住権を取得させるものとされたにもかかわらず、居住建物の所有者がその登記を備えさせる義務を負わない場合は想定されないため、上記の問題は生じることがなく、配偶者に配偶者居住権を取得させる旨の審判がされた場合には、配偶者による単独申請が認められるとする考え方が示される一方（部会資料22-2・5頁）、民事訴訟を提起して登記義務の履行を命じる判決を得なければならないとする考え方（部会資料23-2・5頁）も対置されており、解釈が分かれている。

(6) 配偶者居住権が配偶者の死亡により消滅した場合、あるいは確定期日を終期と定めて配偶者居住権が設定された後に、当該確定期日が到来して消滅した場合、配偶者居住権の抹消登記について居住建物の所有者による単独申請が可能かどうかも問題となりうる（第６回部会議事録24～25頁、第15回部

会議事録19頁)。この点、配偶者の死亡による消滅の場合は可能だとされている(不動産登記法69条)。

〔石田　剛〕

26　配偶者による使用および収益

> **第1032条**
> 1　配偶者は、従前の用法に従い、善良な管理者の注意をもって、居住建物の使用及び収益をしなければならない。ただし、従前居住の用に供していなかった部分について、これを居住の用に供することを妨げない。
> 2　配偶者居住権は、譲渡することができない。
> 3　配偶者は、居住建物の所有者の承諾を得なければ、居住建物の改築若しくは増築をし、又は第三者に居住建物の使用若しくは収益をさせることができない。
> 4　配偶者が第1項又は前項の規定に違反した場合において、居住建物の所有者が相当の期間を定めてその是正の催告をし、その期間内に是正がされないときは、居住建物の所有者は、当該配偶者に対する意思表示によって配偶者居住権を消滅させることができる。

(1)　他人の物である居住建物の使用および収益に際して、配偶者が用法遵守義務および善管注意義務を負うことは、賃貸借や使用貸借におけるのと同様である。もっとも、配偶者居住権における「用法」は、従前の配偶者の生活環境を保障するという権利の性質にかんがみ、原則として現状維持的な内容にとどまる。本条1項は、従前の用法による限りは用法を遵守しているものと評価されるべきという趣旨を明示すべく、配偶者は、従前の用法に従い、善良な管理者の注意をもって、居住建物を使用および収益をすべき義務を負うべきものと定めている(部会資料21・7頁)。

(2) もっとも、配偶者が建物の一部を店舗として利用していた場合や、間借人に賃貸していた場合、店舗の営業をやめ、あるいは間借人との賃貸借契約が終了すると、配偶者は、建物全体に配偶者居住権を有する以上、居住建物の所有者の承諾の有無にかかわらず、居住の目的の範囲内であれば、もともと店舗として使用していた部分や、間貸しの目的となっていた部分も使用することができる。そこで、従前の用法と異なる場合でも、「居住の目的」に従った用法であれば許容されるべきことを明らかにする趣旨で、本条1項ただし書が設けられている（部会資料24-2・5頁）。

(3) なお、配偶者の権限は使用および収益に限定されることから、たとえ居住の目的であっても、居住建物につき増改築等の目的物の処分や変更に当たる行為をすることはできない。

(4) 配偶者居住権は配偶者という身分法上の地位と結び付いた一身専属性を特徴としており、権利の譲渡性を認めることと整合しにくい。また、配偶者居住権は配偶者の死亡により消滅する債権であり、継続性という点においても不安定さを免れない。実際に配偶者居住権を売却することができる場面は多くないと考えられる。そこで、本条2項は、配偶者居住権の譲渡性を一律に否定している。その結果、譲渡可能な財産であることを前提とする強制執行も許されないものと考えられる（第26回部会議事録3頁）。もっとも、ことさらに差押禁止財産を作り出すことによって責任財産を減少させるような遺産分割協議は詐害行為として取消しの対象となりうる（第26回部会議事録5頁）。

(5) 配偶者が長期間居住することを前提として配偶者居住権を取得したにもかかわらず、予定された期間経過前に予期せぬ事情により転居を強いられた場合、各種費用の調達のため、一定の要件のもとで（例えば居住建物の所有者の承諾を要件として）配偶者居住権の譲渡を認める必要があるようにも思われる（部会資料25-1・5頁）。しかし、転居を強いられることになった配偶者の投下資本の回収は、居住建物を建物所有者に買い取ってもらうか、居

住建物の所有者の承諾を得た上で居住建物を賃貸することによっても可能であることから、このようなルールも設けるべきでないとされた（部会資料26-2・2頁）。

(6) 居住建物の所有者に対する配偶者居住権の買取請求権は認められていない。買取請求権を認めると、居住建物の所有者は、配偶者の権利行使に備えてあらかじめその資金を準備しておかなければならず、建物所有者の負担がより過大なものとなり、その利益を害するおそれがあるからである（部会資料2・10頁）。また、買取請求権まで認めなくても、遺産分割の協議や遺贈により配偶者居住権を設定する場合には、当事者間の合意または遺言において、あらかじめ買取りの条件やその額（または買取額算定基準）を定めておくことも可能であることから、このような請求権を認める必要はないと考えられた（部会資料15・14頁）。

(7) 本条3項は、賃借人や使用借主と同様に、配偶者は、所有者に無断で居住建物を改築、増築し、あるいは第三者に使用収益させることはできないことを定める。

(8) 本条4項は、配偶者が無断で居住建物につき増改築や転貸などをした場合あるいは善良な管理者の注意義務を怠った場合、居住建物の所有者は配偶者居住権の消滅を請求することができることを定める。使用貸借に関しては、民法594条3項により、無断で増改築・転貸が行われた場合、使用貸主は催告なしに契約を解除することができるものと解されている。これに対して、不動産賃貸借においては、民法616条が594条3項を準用していないことから、解除の一般原則に従い、賃貸人は催告をする必要があり（部会資料15・13頁）、無催告解除が認められるのは、用法遵守義務違反が当事者間の信頼関係を破壊する程度に重大な債務不履行である場合に限られると解されてきた。

配偶者居住権の場合も、配偶者は、実質的に自己の相続分において賃料の前払いをしたのと同様の経済的負担をしていること等に照らすと、賃貸借契

約の場合と同様、その消滅請求をするには、原則として、義務違反状態を是正する旨の催告を要するとするのが相当と考えられた（部会資料15・13頁）。

もっとも、賃借人が保管義務に違反して賃借物を損壊させた場合や、賃借物を改造した場合など催告をすることに意味がないときには、無催告で解除することもできるとされていることから、本条4項に基づく消滅請求においても、催告をする意味がない場合には、催告なしに消滅請求を認めてよいと解される。

〔石田　剛〕

27　居住建物の修繕等

> **第1033条**
> 1　配偶者は、居住建物の使用及び収益に必要な修繕をすることができる。
> 2　居住建物の修繕が必要である場合において、配偶者が相当の期間内に必要な修繕をしないときは、居住建物の所有者は、その修繕をすることができる。
> 3　居住建物が修繕を要するとき（第1項の規定により配偶者が自らその修繕をするときを除く。）、又は居住建物について権利を主張する者があるときは、配偶者は、居住建物の所有者に対し、遅滞なくその旨を通知しなければならない。ただし、居住建物の所有者が既にこれを知っているときは、この限りでない。

(1)　本条は、配偶者が居住建物につき第1次的な修繕権を有し（1項）、修繕が必要な状態であるにもかかわらず配偶者が修繕を行わないときに、居住建物の所有者が第2次的な修繕権を有する（2項）ことを定めたものである。

不動産賃借権と異なり、配偶者居住権の負担がある居住建物の所有者は、

配偶者による使用および収益を受忍すべき義務のみを負い、居住建物の修繕義務を負わない一方で、配偶者が居住建物の必要費を負担すべきことが制度設計にあたっての出発点とされていた（部会資料6・10頁）。

　もっとも、居住建物の所有者は、修繕義務を負わないにせよ、自己の財産である居住建物の価値を保全するために、たとえ配偶者居住権の存続期間中においても、一定の要件のもとで修繕権が認められる必要があると考えられる。

(2)　配偶者および居住建物の所有者の修繕権限を明文化するに際して、賃借人の修繕権を定める民法607条の2および賃貸人が行おうとする保存行為を賃借人が拒めないとする民法606条2項が参照され、居住建物の所有者には少なくとも居住建物の保存に必要な行為をする権利を認めるべきことにつき共通了解が形成された（部会資料23-2・3頁）。

　もっとも、その具体化の段階においては、賃貸借に引き寄せる形で、居住建物の所有者の修繕権を実質的に保証するために、居住建物の所有者が第1次的に修繕権を有することを前提として、民法615条と同様、修繕の必要が生じた場合、自らが修繕する場合を除いて、配偶者に通知義務を負わせた上で、民法607条の2と同様の要件のもとで、配偶者の修繕権を補充的に認める考え方（部会資料23-2・3頁【甲案】）と、居住建物が修繕を要する場合において配偶者は第1次的に居住建物を修繕できるものとしつつ、自らが修繕するか否かにかかわらず、居住建物の所有者に対する通知義務を負わせる（部会資料23-2・4頁【乙案】）、という2つの方向性が検討された。

　本条は、配偶者居住権では、居住建物の所有者は修繕義務を負っておらず、修繕を要する旨の通知がされても、所有者による修繕を必ずしも期待できないことから、配偶者に第1次的な修繕権を認める必要があること、他の共同相続人が第1次的な修繕権を有することとすると、紛争性のある事案では、配偶者を退去させる口実に使われるおそれがあること等を考慮して、【乙案】を採用し、配偶者に第1次的な修繕権を認めている。こうして、費

用負担と修繕権につき、配偶者居住権と配偶者短期居住権に共通するルールが形成されたことになる（部会資料24-2・5頁）。

(3) 本条3項は、居住建物が修繕を要する場合または居住建物について権利を主張する者がある場合、配偶者が賃借人と同様に通知義務を負う原則を明示するとともに、配偶者自らが修繕をするときは通知義務を課されないことを定めるものである。配偶者が修繕する場合でも、修繕方法等につき協議する機会を与え、将来特別の必要費として償還請求されることがありうるか否かを建物所有者に認識させることに意義は認められるが、民法上の他の場面と対比したときに、この場合にのみ通知義務を課す必要性および合理性に乏しいと考えられた（部会資料25-2・3頁）。なお、配偶者が通知をしなかったため、所有者が必要な修繕をできず、その分余計に修繕費を要した場合に所有者は損害賠償を請求することができる余地がある（第23回部会議事録31頁）。

〔石田　剛〕

28　居住建物の費用の負担

> **第1034条**
> 1　配偶者は、居住建物の通常の必要費を負担する。
> 2　第583条第2項の規定は、前項の通常の必要費以外の費用について準用する。

(1) 本条1項は、居住建物の費用の負担につき、配偶者居住権の存続期間中建物を使用することができない建物所有者の負担等を考慮し、居住建物の通常の必要費は配偶者が負担すべきことを定めている（部会資料15・12頁）。

通常の必要費とは、小修繕に要する費用や公租公課が典型例である。例えば借地権付土地建物に配偶者居住権が設定された場合、敷地部分の固定資産税は通常の必要費に当たる（第15回部会議事録5頁、最二小判昭36.1.27裁

(2) 本条2項により通常の必要費以外の費用については、民法583条2項が準用される結果、民法196条の規定に従い、その物の保存のために支出した金額その他の必要費を居住建物の所有者が配偶者に償還すべきこと、居住建物の改良のために支出した金額その他の有益費については、価格の増加が現存する場合に限り、居住建物の所有者の選択に従い、その支出した金額または増価額を償還しなければならない。また裁判所は居住建物の所有者の請求により、その償還について相当の期限を許与することができる。

(3) 本条は費用負担に関し、賃貸借に関する民法608条のような「必要費」「有益費」による区分をしていない。部会審議の過程では、必要費を配偶者の負担とし、有益費に関しては、配偶者居住権の消滅したときに、居住建物の所有者に、価格の増加が現存する場合に限り、その選択に従い、その支出した金額または増価額を償還すべきものとして、裁判所は、居住建物の所有者の請求により、その償還について相当の期限を許与することができるものとするルール化が提案されていた（部会資料15・8頁）。

しかし、必要費の中でも、災害等によって大規模な修繕が必要となった場合などの特別の必要費については、建物を無償で使用する使用貸借においても貸主の負担とされていることとのバランス上、特別の必要費は居住建物の所有者の負担とすべきだと考えられた（部会資料15・12頁、部会資料24-2・5頁）。そこで、配偶者居住権においても、費用負担に関して配偶者短期居住権と同様の規律に服すべきものとされた（部会資料24-2・5頁）。

〔石田　剛〕

29　居住建物の返還等

第1035条

1　配偶者は、配偶者居住権が消滅したときは、居住建物の返還をしなければならない。ただし、配偶者が居住建物について共有持分を有す

> る場合は、居住建物の所有者は、配偶者居住権が消滅したことを理由
> としては、居住建物の返還を求めることができない。
> 2 　第599条第1項及び第2項並びに第621条の規定は、前項本文の規定
> により配偶者が相続の開始後に附属させた物がある居住建物又は相続
> の開始後に生じた損傷がある居住建物の返還をする場合について準用
> する。

(1) 　本条1項本文は、配偶者居住権が消滅したときに、配偶者は居住建物の返還をしなければならないと定めている。しかし、配偶者が居住建物について共有持分を有する場合には、配偶者居住権の消滅を理由に返還を求められることはない（同項ただし書）。配偶者は持分権に基づき居住建物を使用収益することができることから、明渡しが認められるべき事由が存在しない限り、配偶者居住権の消滅のみを理由に居住建物の返還を求められることはないからである（最一小判昭41.5.19民集20巻5号947頁）。

(2) 　配偶者居住権の消滅により、配偶者が居住建物を返還すべきときは、本条2項により民法599条1項および2項が準用される結果、配偶者は相続開始の後に居住建物に附属させた物を収去する権利を有し、かつ義務を負う。ただし、居住建物から分離することができない物または分離するのに過分の費用を要する物についてはこの限りでない。

(3) 　配偶者は、本条2項により621条が準用される結果、相続開始の後に居住建物に生じた損傷を原状に復する義務を負う。もっとも、通常の使用および収益によって生じた損耗および経年変化による損傷は原状回復義務の対象とならない（部会資料6・11頁）。その損傷が配偶者の責めに帰することができない事由による場合も同様である。

〔石田　剛〕

第1部 民　　法

30　使用貸借および賃貸借の規定の準用

> **第1036条**
> 　第597条第1項及び第3項、第600条、第613条並びに第616条の2の規定は、配偶者居住権について準用する。

(1)　配偶者居住権は、配偶者限りで認められる無償の債権的利用権という点において、使用借権と類似する。そこで、本条により民法597条1項および3項が準用される結果、配偶者居住権は、遺言または遺産分割において終期が定められたときは、その期間満了によって消滅するほか、配偶者の死亡によっても終了する。配偶者の死亡により配偶者居住権が消滅した場合には、配偶者の相続人が配偶者の義務を相続することになる。

(2)　改正後の民法1032条1項および3項の規律に違反する使用または収益によって生じた損害の賠償および配偶者が支出した費用の償還は、本条により民法600条が準用される結果、居住建物が返還された時から1年以内に請求しなければならず、また損害賠償請求権については、居住建物が返還された時から1年を経過するまでの間は、時効は完成しない。

(3)　配偶者居住権には、賃借権と類似した部分もある（改正後の民法1028条の解説22(2)参照）。そこで配偶者が適法に第三者に居住建物の使用または収益をさせているときは、本条により民法613条が準用される結果、その第三者は、配偶者が居住建物の所有者に対して負っている債務の範囲を限度として、居住建物の所有者に対し、配偶者とその第三者との契約に基づく債務を直接履行する義務を負う。また居住建物の所有者が配偶者に対してその権利を行使することを妨げない。さらに居住建物の所有者は、配偶者居住権を合意により消滅させたことをもってその第三者に対抗することはできない。ただし、居住建物の所有者が改正後の民法1032条4項により配偶者居住権を消滅させることができたときは、この限りでない。

(4) 居住建物の全部が滅失その他の事由により使用および収益をすることができなくなった場合には、本条により、民法616条の2が準用される結果、配偶者居住権は消滅する。

〔石田　剛〕

31　配偶者短期居住権

> **第1037条**
> 1　配偶者は、被相続人の財産に属した建物に相続開始の時に無償で居住していた場合には、次の各号に掲げる区分に応じてそれぞれ当該各号に定める日までの間、その居住していた建物（以下この節において「居住建物」という。）の所有権を相続又は遺贈により取得した者（以下この節において「居住建物取得者」という。）に対し、居住建物について無償で使用する権利（居住建物の一部のみを無償で使用していた場合にあっては、その部分について無償で使用する権利。以下この節において「配偶者短期居住権」という。）を有する。ただし、配偶者が、相続開始の時において居住建物に係る配偶者居住権を取得したとき、又は第891条の規定に該当し若しくは廃除によってその相続権を失ったときは、この限りでない。
> 　一　居住建物について配偶者を含む共同相続人間で遺産の分割をすべき場合　遺産の分割により居住建物の帰属が確定した日又は相続開始の時から6箇月を経過する日のいずれか遅い日
> 　二　前号に掲げる場合以外の場合　第3項の申入れの日から6箇月を経過する日
> 2　前項本文の場合においては、居住建物取得者は、第三者に対する居住建物の譲渡その他の方法により配偶者の居住建物の使用を妨げてはならない。
> 3　居住建物取得者は、第1項第1号に掲げる場合を除くほか、いつで

第1部　民　　法

> も配偶者短期居住権の消滅の申入れをすることができる。

(1)　今回の民法改正により、相続開始後の比較的短期間における残存配偶者（生存配偶者）の居住利益を保護するために、配偶者に居住建物を無償で使用することを認める配偶者短期居住権の制度が新たに導入された（婚姻が死亡解消された後に、残された夫婦の一方を「配偶者」と称するのはいささかミスリーディングであるが、今回の法改正にならい、便宜上、「配偶者」という表現を用いることにする）。

　配偶者短期居住権の制度は、①「共同相続人の一人が相続開始前から被相続人の許諾を得て遺産である建物において被相続人と同居してきたときは、特段の事情のない限り、被相続人と右同居の相続人との間において、被相続人が死亡し相続が開始した後も、遺産分割により右建物の所有関係が最終的に確定するまでの間は、引き続き右同居の相続人にこれを無償で使用させる旨の合意があったものと推認されるのであって、被相続人が死亡した場合は、この時から少なくとも遺産分割終了までの間は、被相続人の地位を承継した他の相続人等が貸主となり、右同居の相続人を借主とする右建物の使用貸借契約関係が存続することになるものというべきである」とする改正前民法下の判例法理（最三小判平8.12.17民集50巻10号2778頁〔被相続人および同居相続人の「通常の意思」に合致するとされた〕）と、②比較法、とりわけ、配偶者は法律上当然に相続開始時に居住していた住居とそこに備えられた動産（家具等）を1年間無償で使用収益する権利を有するとされているフランス法の考え方を参考にして立案されたものである。

　配偶者短期居住権を取得できる者を「配偶者」に限ったのは、高齢化社会の進展に伴い、配偶者の居住権保護の必要性が高まっていることに加え、夫婦は相互に同居・協力・扶助義務を負うなど（民法752条）、法律上最も緊密な関係にある親族であるとされていること等を考慮すれば、配偶者に限り居住建物についての短期的な居住権の保護を与えることにも相応の理由がある

と考えられたことによる（以上につき、中間試案補足説明3頁）。

本条1項は、配偶者短期居住権がどのような場面で認められるのかということと、配偶者短期居住権がいつまで存続するかを定めるものである。

(2)　本条1項柱書本文によれば、配偶者短期居住権とは、被相続人の財産に属した建物に相続開始の時に無償で居住していた配偶者が、その居住建物を無償で使用する権利である。配偶者短期居住権は用益物権ではなく、使用借権類似の「法定の債権」として構成されている。その債務者は、当該建物の所有者である。本条1項柱書は「居住建物取得者」という表現を用い、「居住建物」の所有権を「相続又は遺贈」により取得した者と定義している（なお、「遺贈」には死因贈与も含む趣旨である。民法554条）。したがって、当該建物につき遺産分割をする必要がある場合には、基本的には配偶者以外の相続人が債務者となり、遺贈等がされ遺産分割をする必要がない場合には、遺贈等により当該建物の所有権を取得した者が債務者になる（部会資料6・3頁）。

(3)　配偶者短期居住権が認められるのは、①相続開始の時に、②被相続人所有の建物に、③無償で居住していて、④現在も同建物に居住している、⑤配偶者に限られる。

これに対して、配偶者ではない同居相続人の居住利益の保護は、配偶者短期居住権の制度によることができない。内縁配偶者の居住利益の保護も、配偶者短期居住権の制度によることができない。これらの者は、被相続人との間で、被相続人を貸主、同居者を借主とし、期限を遺産分割までとする使用貸借契約を締結していたことを主張・立証することによって保護されるほかない（使用貸借の推認構成。改正前民法下の最一小判平10.2.26民集52巻1号255頁〔内縁夫婦による共有不動産の共同使用〕）。

なお、配偶者短期居住権と使用貸借の推認構成を採る改正前民法下の判例との関係が問題となるところ、この点について、立案担当者の見解は、こうである。すなわち、改正前民法下の判例は被相続人とその配偶者の合理的意

思解釈として使用貸借契約の成立を推認するものであるが、配偶者短期居住権の制度を導入した場合には、これにより使用貸借契約が締結された場合とほぼ同様の状態が確保されることになるから、被相続人とその配偶者の通常の意思としては、それとは別に使用貸借契約を締結する意思まではないと考えるのが自然である。したがって、その限りで使用貸借契約の成立を推認する従前の判例は変更されることになる。他方、配偶者以外の相続人については、基本的には、配偶者短期居住権の制度の導入による影響を受けることなく、従前の判例法理のもとでその居住権が保護されることになる（中間試案補足説明4頁以下。ただし、著者の見解はこれと異なる）。もとより、立案担当者のような理解をしても、被相続人とその配偶者との間で被相続人の生前に被相続人死亡後の居住建物の無償での使用収益を目的とする契約（まさに使用貸借契約）が締結されていたことが認定できる場合には、被相続人死亡後の居住建物の使用収益に関する問題は、配偶者短期居住権に関する民法の規律ではなく、当該使用貸借契約のもとで設定された規範によって処理される（使用貸借の内容・終了時期・費用負担等についても同様である）。

(4) 本条1項柱書ただし書によれば、配偶者が、①相続開始の時において居住建物に係る配偶者居住権を取得した場合、②相続欠格に該当する場合、③廃除によってその相続権を失った場合は、配偶者は、配偶者短期居住権を取得しない。

このうち、②③については、欠格制度や廃除制度の趣旨については学説上様々な見解があるものの、不相当な行為をした推定相続人に対する「制裁」という性質を有するという限度ではおおむね見解が一致しているところ、欠格事由に該当したり、廃除されたりした配偶者については、他の共同相続人や居住建物の受遺者等に負担をかけてまで、その居住を保障する必要性に乏しいと考えられたことから、配偶者が欠格事由に該当する場合および配偶者が廃除された場合には、配偶者短期居住権が発生しないこととされている（部会資料24-2・1頁）。

他方で、本条 1 項柱書ただし書は、相続放棄をした配偶者にも、配偶者短期居住権を認めている。この根拠は、次のように説かれている。確かに、配偶者が相続放棄をした場合にも配偶者短期居住権が発生することとすると、居住建物が遺産分割の対象となっている場面において、配偶者は、相続放棄をして自らは相続債務の負担を免れながら、相続債務を負担している他の相続人らの負担の上に居住権を確保することになり、不公平であるようにもみえる。しかしながら、高齢化社会の進展に伴って配偶者の居住権保護の必要性が高まっていることや、夫婦が相互に同居・協力・扶助義務を負っていることを根拠に、その余後効として被相続人の財産処分を一定の範囲で制限するものであることを考慮すれば、配偶者が相続権を有することは必ずしも必要条件ではないと考えられる。とくに、多額の債務を負っている被相続人が居住建物を含む遺産の大部分を第三者に遺贈したことから、配偶者がやむをえず相続放棄をしたという事例では、被相続人の財産処分権を一定の範囲で制限して配偶者の短期的な居住を保護する必要性が高い。また、使用貸借契約の成立を推認する改正前民法下の判例（前掲最三小判平 8 .12.17）によれば、契約の成立後の事情でその効力に変更を来すことは考えられないから、配偶者が相続の放棄をしたとしても、なお遺産分割終了時までの間、使用借権を有するものと考えるのが自然である。これらの点を考慮して、相続放棄については配偶者短期居住権の発生障害事由としないこととしている（部会資料24-2・1頁以下）。

(5)　相続開始の時に配偶者が「建物の一部」のみを無償で使用していた場合には、配偶者短期居住権が成立するのは当該部分に限られる（本条 1 項柱書本文の括弧書）。

　例えば、2 階建ての建物について、1 階部分を被相続人の子が店舗として使用し、2 階部分を配偶者が居宅として使用している場合のように、配偶者が居住建物の一部を使用しておらず、その部分については専ら他の者が使用している場合には、配偶者は、配偶者短期居住権に基づき当該建物の 2 階部

分に居住することができるものの、新たに1階部分まで使用することができるようになるものではない。配偶者短期居住権はあくまで配偶者が相続開始時に享受していた居住利益をその後も一定期間保護することを目的としたものであることからすれば、配偶者は配偶者短期居住権に基づいて従前と同様の形態で居住することができるにとどまり、配偶者にそれ以上の利益を付与することは相当でないと考えられるからである（部会資料15・3頁）。

　これと区別すべきは、配偶者が当該建物を居宅兼店舗として使用している場合である。この場合は、当該建物全体について配偶者短期居住権の成立が認められる（部会資料15・3頁の整理も参照）。

(6)　配偶者短期居住権は、居住建物について配偶者を含む共同相続人間で遺産の分割をすべき場合と、それ以外の場合とで、存続期間を異にする。本条1項1号・2号は、このことを定めるものである。存続期間中は、配偶者は居住建物を不法占拠するものではなく、したがって、使用利益相当額を支払う義務はない。

(7)　本条1項1号の配偶者短期居住権は、居住建物について配偶者を含む共同相続人間で遺産の分割をすべき場合を対象とするものである。

　この場合、被相続人の配偶者（生存配偶者）は、被相続人の財産に属した建物を相続開始の時に無償で居住の用に供していたときは、①遺産の分割によりその建物（「居住建物」）の帰属が確定した日、または、②相続開始の時から6カ月を経過する日のいずれか遅い日までの間は、配偶者短期居住権を有する。

　このように、本条1項1号の配偶者短期居住権の存続期間には、上限はない。そのため、遺産分割がされないまま時が経過している場合のように、配偶者「短期」居住権という名称にもかかわらず、実際には相当の長期間に及ぶこともある。もっとも、配偶者による遺産分割協議の意図的引き延ばしがみられる場合は、権利濫用と評価される余地がある（中間試案補足説明4頁）。

なお、6カ月という期間については、抵当建物使用者の建物引渡期間の猶予を定めた民法395条の考え方が参照されたようである。

(8)　被相続人の財産に属した建物に相続開始の時に無償で居住していた配偶者であり、かつ、前記(4)に挙げた除外事由に該当しないものであったとしても、次の者たちは、本条1項1号の配偶者短期居住権を取得しない。
　①　配偶者以外の共同相続人に対して、居住建物につき「相続させる遺言」（特定財産承継遺言）がされた場合
　②　配偶者以外の共同相続人の1人または相続人以外の者に対して、居住建物の遺贈または死因贈与がされた場合
　③　配偶者が相続の放棄をした場合
　④　配偶者が遺言により相続分をゼロと指定された場合
　⑤　配偶者が遺言により居住建物について相続させないものとされた場合
　このうち、①②は、居住建物が遺産分割の対象とならないために、本条1項1号の配偶者短期居住権の規律が妥当しない場面である。また、③④⑤は、生存配偶者が遺産分割の当事者として登場しないために、同規律が妥当しない場面である。

(9)　本条1項2号の配偶者短期居住権は、<u>配偶者が居住建物について遺産分割の当事者とならない</u>――したがって、<u>同項1号によって配偶者短期居住権を取得することのない</u>――<u>場合であり、かつ、前記(4)に挙げた除外事由に該当しないものを対象とするものである</u>。

　本条1項2号によれば、配偶者は、相続（特定財産承継遺言〔相続させる遺言〕を含む）または遺贈もしくは死因贈与によりその建物（「居住建物」）の所有権を取得した者（「居住建物取得者」）が配偶者短期居住権の消滅を申し入れた日から6カ月を経過する日までの間は、配偶者短期居住権を有する。裏返せば、被相続人の財産に属した建物を相続開始の時に無償で居住の用に供していた配偶者は、相続と同時に配偶者短期居住権を取得するものの、居住建物取得者から上記の申入れがされれば、その日から6カ月を経過

した時に配偶者短期居住権が消滅し、配偶者は、居住建物を所有者に対して返還しなければならない。

　居住建物の所有権を相続または遺贈により取得した者は、「いつでも」配偶者短期居住権の消滅の申入れをすることができる。本条3項はこのことを定める。本条1項2号にいう「申入れ」は、このルールを前提としたものである。

　なお、死因贈与は本条1項2号には明示されていないものの、民法554条が死因贈与について遺贈の規定を準用している――そして、本条1項には「遺贈」が挙げられている――ことから、居住建物が死因贈与された場合にも配偶者短期居住権の成立が認められる。

(10)　本条1項2号の配偶者短期居住権の根拠は、次のように説かれている（部会資料6・2頁、中間試案補足説明7頁）。

　①　一方の配偶者はその死亡後に他方の配偶者が直ちに建物からの退去を求められるような事態が生じることがないよう配慮すべき義務を負うと解することが可能であり（婚姻の余後効）、その限度で被相続人の生前の処分権限に制約を課すことは可能である。

　②　その建物を取得した者の利益についても、遺言または死因贈与のように、その者が無償でその建物を取得した場合であれば、配偶者の居住権保護という政策目的のもと、その使用および収益権限につき制約を課すことも、その期間が短期間である限り許容される。

(11)　本条1項1号または2号により配偶者が取得する配偶者短期居住権の内容は、居住建物の「使用」に限られる。配偶者は、居住建物を「収益」の目的とすることはできない（配偶者居住権との条文の書き方の違いに注意）。

　「収益」を外したのは、①配偶者短期居住権は、被相続人の生前には被相続人の占有補助者であった配偶者について、相続開始後に独自の占有権原を付与した上で、相続開始前と同一態様の使用を認めることにより、配偶者の短期的な居住権を保護することを目的とした権利であり、このような目的に

照らすと、配偶者にその収益権限や処分権限まで認める必要はないこと、②配偶者が相続開始前に居住建物の一部について収益権限を有していた場合には、通常その部分については被相続人の占有補助者であったとは認められず、相続開始前の時点から、被相続人と配偶者との間に使用貸借契約等の契約関係が存在する場合が多いものと考えられること、③そうであるとすれば、その部分については、相続開始後も従前の契約関係が継続するから、短期居住権による保護の対象とする必要はないこと、④被相続人が自ら相続開始前に居住建物の一部について収益を上げていた場合に、その部分まで配偶者短期居住権の対象とし、それによる収益を配偶者のみに帰属させるのは、配偶者短期居住権による保護の目的を超えることが考慮されたことによる（①については、中間試案補足説明5頁以下。②以下については、部会資料22-2・1頁）。

(12)　本条2項は、居住建物取得者は、配偶者短期居住権を有している配偶者が居住建物を使用することを受忍する義務を負うことを前提とするものである。なお、居住建物取得者は、使用貸借の場合と同様に、使用に適した状態を作り出して維持する義務（したがってまた、当該建物を修繕する義務）まで負うものではない（中間試案補足説明5頁）。

(13)　本条1項1号によって処理される場面で、配偶者が配偶者短期居住権を取得した場合であっても、配偶者は、相続開始前から配偶者と同居していた他の相続人に対して、配偶者短期居住権に基づき、当該居住建物からの退去を求めることはできない。当該建物は遺産分割終了時まで相続人間の共有に属し、他の相続人も各自の持分に応じて当該建物を使用することができる（民法898条、249条）。また、他の同居相続人に使用借権が認められる場合もあるからである（部会資料6・5頁）。

(14)　死亡配偶者（被相続人）の居住建物が賃借物件である場合には、賃借権の相続（共同相続）が生じるところ、配偶者は、少なくとも2分の1の法定相続分を有するため、他の相続人が配偶者の同意を得ることなく賃貸借契約

を解除することはできない。したがって、配偶者は、少なくとも、遺産分割が終了するまでの間は、その建物に居住することができる（部会資料6・14頁）。

〔潮見佳男〕

32　配偶者による使用

> **第1038条**
> 1　配偶者（配偶者短期居住権を有する配偶者に限る。以下この節において同じ。）は、従前の用法に従い、善良な管理者の注意をもって、居住建物の使用をしなければならない。
> 2　配偶者は、居住建物取得者の承諾を得なければ、第三者に居住建物の使用をさせることができない。
> 3　配偶者が前二項の規定に違反したときは、居住建物取得者は、当該配偶者に対する意思表示によって配偶者短期居住権を消滅させることができる。

⑴　本条1項は、配偶者が従前の用法に従い、善良な管理者の注意をもって、居住建物の使用をしなければならないことを定めるものである。使用貸借の場合（民法594条1項）と同様の規律を設けたものである。なお、配偶者に居住建物の保存義務があることは当然の前提とされている。

配偶者は従前の用法に従って建物を使用しなければならないとしているのは、相続開始前と同様の用法であれば、用法遵守義務に違反しないこと（したがって、配偶者が相続開始前に居宅兼店舗として使用していたのであれば、従前から店舗として使用されていた部分については、相続開始後も同様の使用が許容されること）を明らかにする趣旨によるものである（部会資料15・4頁）。

⑵　本条2項は、配偶者が、居住建物取得者の承諾を得なければ、第三者に

居住建物の使用をさせることができないことを定めるものである。これも、使用貸借の場合（民法594条2項）と同様の規律である。もっとも、配偶者を介護するためにその親族が配偶者と同居を始めた場合は、その親族は配偶者の履行補助者であると捉えることができるため、本条2項の禁止には該当しない（中間試案補足説明7頁）。

　なお、居住建物取得者とは、居住建物の「所有権を相続又は遺贈により取得した者」のことである（改正後の民法1037条1項柱書）。居住建物が配偶者を含めて共同相続され、遺産共有状態にある場合は、居住建物取得者とは、配偶者を除く共同相続人全員を意味することになる（部会資料23-2・1頁）。

(3)　本条3項は、配偶者が本条1項・2項に違反した使用をした場合に、居住建物取得者が、配偶者に対する意思表示により、配偶者短期居住権を消滅させることができることを定めるものである。この配偶者短期居住権を消滅させることができる権利は、形成権である。配偶者短期居住権の相手方となる相続人が複数いる場合は、そのうちの相続人の1人が配偶者短期居住権の消滅請求をしたとき、配偶者短期居住権はこの者との関係においてのみならず、他の相続人であって配偶者短期居住権の消滅請求をしなかった者との関係においても消滅する。

〔潮見佳男〕

33　配偶者居住権の取得による配偶者短期居住権の消滅

> **第1039条**
> 　配偶者が居住建物に係る配偶者居住権を取得したときは、配偶者短期居住権は、消滅する。

　本条は、居住建物につき、配偶者短期居住権を取得していた配偶者が遺産分割により配偶者居住権を取得したときに、配偶者短期居住権が消滅するこ

とを定めるものである。これは、配偶者居住権は、登記請求権や第三者対抗力が認められているなど、配偶者短期居住権よりも強力な居住権として構成されているから、配偶者が配偶者居住権を取得した場合には、その時点から配偶者居住権に基づく居住を認めることが、その居住権の保護に資する面もあると考えられたことによる（部会資料22-2・2頁）。

〔潮見佳男〕

34 居住建物の返還等

> **第1040条**
> 1　配偶者は、前条に規定する場合を除き、配偶者短期居住権が消滅したときは、居住建物の返還をしなければならない。ただし、配偶者が居住建物について共有持分を有する場合は、居住建物取得者は、配偶者短期居住権が消滅したことを理由としては、居住建物の返還を求めることができない。
> 2　第599条第1項及び第2項並びに第621条の規定は、前項本文の規定により配偶者が相続の開始後に附属させた物がある居住建物又は相続の開始後に生じた損傷がある居住建物の返還をする場合について準用する。

(1)　本条は、配偶者短期居住権が消滅したとき、配偶者が、自らが配偶者居住権を取得した場合を除き、以下の義務を負うものとしている。

　①　居住建物の返還義務　配偶者は、配偶者短期居住権が消滅したときは、居住建物の返還をしなければならない。ただし、配偶者が居住建物について共有持分を有する場合は、配偶者短期居住権が消滅したときでも、配偶者は居住建物の返還義務を負わない（本条1項）。なお、配偶者は、居住建物を返還するまでの間は、善良な管理者の注意をもって居住建物を保存しなければならない（民法400条。部会資料21・5頁）。

このうち、本条1項ただし書のような規律を設けたのは、配偶者が共有持分を有し、かつ、配偶者短期居住権を有していた場合に、配偶者短期居住権が終了すると他の共有者に対して返還義務を負うとすることは、配偶者が共有持分のみを有していた場合と均衡を失すると考えられたことによるのである（部会資料25-2・4頁。なお、遺産である建物につき、多数持分権者である相続人らは、その持分権の価格総計が共有物の価格の過半数を超えるからといって、共有物を現に占有する少数持分権者に対し、当然にその明渡しを請求することができるものではないとした改正前民法下における最一小判昭41.5.19民集20巻5号947頁も参照）。

　また、本条1項ただし書に当たる場合、他の共有持分権者と配偶者との間の法律関係は、一般の物権法上の共有法理によって処理される（この先の説明は、共有に関する物権法の教科書・体系書等を参照。なお、部会資料25-2・4頁は、配偶者が善管注意義務に違反して居住建物を使用しており、その使用の継続を認めることにより建物の価値を減少させるおそれがあるような場合には、他の共有持分権者は、保存行為〔民法252条ただし書〕として建物の明渡しを求めることができる場合もあるという）。

　②　居住建物の原状回復義務　　配偶者は、①により居住建物の返還をするときは、相続開始の後に居住建物に生じた損傷（通常の使用によって生じた損耗〔通常損耗〕および経年変化を除く）を原状に復する義務を負う。ただし、その損傷が配偶者の責めに帰することができない事由によるものであるときは、この限りでない（本条2項による民法621条〔賃貸借〕の準用）。ところで、使用貸借における借主の原状回復義務に関しては、通常損耗の場合をどうするかについては、一般的な規律を設けず、個々の使用貸借の解釈にゆだねている。そこで、配偶者短期居住権は使用貸借における借主の権利と類似するとされているにもかかわらず、配偶者短期居住権に基づく使用の際の通常損耗のリスクを配偶者に負わせないことを明示するため、本条2項では、賃貸借における賃借人の返還義務に関する民法621条を準用している。

このようなリスク負担の枠組みを採用した理由は、次の点にある（部会資料15・5頁以下）。

（ⅰ）改正前民法下の判例（最三小判平8.12.17民集50巻10号2778頁）のもとでは、使用貸借における当事者の合理的意思解釈によって決まるものと考えられるが、この判例によってその成立が推認される使用貸借は、相続開始時を始期、遺産分割時を終期とするもので、存続期間は比較的短期間に限られるものであること等に照らすと、当事者の通常の意思としては、経年変化等によるものについては原状回復の対象に含めないという場合が多いのではないかと思われる。

（ⅱ）遺産分割の手続においては、一般に、各相続人の具体的相続分を定めるにあたっては相続開始時の財産評価額を前提にすることとされているものの、各相続人の現実の取得額を算定する際には遺産分割時の財産評価額（経年変化がある場合にもその変化後の財産額）を前提にするものとされている。このことからすれば、相続開始時から遺産分割時までの経年変化等について、配偶者短期居住権の目的とされた建物についてのみ、配偶者に原状回復させることとする必要性に乏しく、また、これを原状回復の対象に含めると法律関係が複雑となって相当でない。

なお、原状とは、「相続開始時の原状」を指す（中間試案補足説明6頁）。配偶者短期居住権に引き続き配偶者居住権が成立する場合は、居住建物の返還義務がないことから（本条1項本文）、配偶者短期居住権が消滅した時点での原状回復義務はない（この場合は、配偶者居住権が消滅したときに原状回復義務が課される。これについては、改正後の民法1035条参照）。

③　相続開始の後に居住建物に附属させた物を収去する義務　配偶者は、①により居住建物の返還をするときは、相続開始の後に居住建物に附属させた物を収去する義務を負う。ただし、居住建物から分離することができない物または分離するのに過分の費用を要する物については、この限りでない（本条2項による民法599条1項〔使用貸借〕の準用）。配偶者短期居住権

に引き続き配偶者居住権が成立する場合は、居住建物の返還義務がないことから、配偶者短期居住権が消滅した時点での収去義務はない。

(2) 配偶者は、本条1項により居住建物の返還をするときは、相続開始の後に居住建物に附属させた物を収去することができる（収去権。本条2項による民法599条2項〔使用貸借〕の準用）。

(3) 配偶者短期居住権の消滅が配偶者の死亡によるものであったときは、配偶者短期居住権の消滅によって生じる前記(1)(2)の権利・義務は、配偶者の相続人が相続によってこれを承継する（中間試案補足説明6頁）。

〔潮見佳男〕

35　使用貸借等の規定の準用

> **第1041条**
> 　第597条第3項、第600条、第616条の2、第1032条第2項、第1033条及び第1034条の規定は、配偶者短期居住権について準用する。

　本条は、使用貸借、賃貸借および配偶者居住権に関するいくつかの規定を準用するものである。

(1) 使用貸借に関する民法597条3項（借主死亡による使用貸借の終了）が準用される結果、存続期間満了前に配偶者が死亡したことが、配偶者短期居住権の終了事由となる。

(2) 賃貸借に関する民法616条の2（賃借物の全部滅失等による賃貸借の終了）が準用される結果、居住建物の全部滅失等が、配偶者短期居住権の終了事由となる。

(3) 本条は、居住建物の修繕に関して、配偶者居住権に関する改正後の民法1032条2項の規定を準用することで、配偶者短期居住権は譲渡することができないものとしている。配偶者短期居住権は配偶者の居住建物における居住を短期的に保護するために創設された権利であり、また、配偶者に経済的負

担を課すことなく当然に成立するものであるから、譲渡を認める必要に乏しいと考えられたことによる（部会資料26-2・1頁）。

(4)　本条は、居住建物の修繕に関して、配偶者居住権に関する改正後の民法1033条の規定を準用することで、①配偶者が第一次的な修繕権を有することとし、②配偶者が相当の期間内に修繕をしない場合に、居住建物取得者において修繕をすることができるとする枠組みを採用している。これは、「通常の必要費」を配偶者の負担としていることとのバランスをとったものである（部会資料24-2・2頁）。

　(a)　配偶者は、居住建物の使用に必要な修繕をすることができる（改正後の民法1033条1項の準用）。

　(b)　居住建物の修繕が必要な場合において、配偶者が相当の期間内にその修繕をしないときは、居住建物取得者は、その修繕をすることができる（改正後の民法1033条2項の準用）。

　(c)　居住建物が修繕を要するとき、または居住建物について権利を主張する者があるときは、配偶者は、居住建物取得者に対し、遅滞なくその旨を通知しなければならない。ただし、(i)居住建物取得者が既にこれを知っているときは、この限りでない。また、(ii)配偶者が自ら居住建物の修繕をする場合には、他の相続人に対して上記の通知をする必要はない（改正後の民法1033条3項の準用。立案の際に基礎に据えられた考え方については、部会資料25-2・3頁）。

　なお、配偶者短期居住権は、居住建物の無償での使用面に関しては使用貸借契約と類似するものであるところ、修繕面では、使用貸借の場合は契約にゆだね、デフォルト・ルールを設けていない。これに対し、配偶者短期居住権は法定債権であるゆえに、修繕に関する規律を法律で定める必要があるとの判断に出て、配偶者居住権に関する改正後の民法1033条の規定を準用したものである（部会資料23-2・2頁）。

(5)　本条は、費用負担についても、配偶者居住権に関する改正後の民法1034

条の規定を準用している（使用貸借に関する民法595条の場合と同様の費用負担ルールとなっている）。

　①　配偶者は、居住建物の「通常の必要費」を負担する（改正後の民法1034条1項の準用）。居住建物およびその敷地に課させる固定資産税ほかの公租公課、通常の修繕費などが、「通常の必要費」の例である（中間試案補足説明5頁）。

　②　その配偶者が居住建物について通常の必要費以外の費用（「特別の必要費」および「有益費」）を支出したときは、居住建物取得者は、民法196条の規定に従い、その償還をしなければならない。ただし、有益費については、裁判所は、居住建物取得者の請求により、その償還について相当の期限を許与することができる（改正後の民法1034条2項を介しての民法583条2項〔買戻しの場合の費用償還〕の準用）。不慮の風水害により家屋が損傷した場合の修繕費が「特別の必要費」の例であり、リフォームの工事をした場合の費用が「有益費」の例である（中間試案補足説明5頁）。

(6)　本条は、使用貸借に関する民法600条の規定を準用することで、損害賠償請求権および費用償還請求権についての期間の制限に関して、使用貸借の場合と同様の規律が妥当するものとしている。

　①　改正後の民法1038条1項・2項に違反した使用によって生じた損害の賠償と、配偶者が支出した費用の償還は、居住建物が返還された時から1年以内に請求しなければならない。

　②　①の損害賠償請求権については、居住建物が返還された時から1年を経過するまでの間は、時効は完成しない（消滅時効の完成猶予）。

(7)　配偶者居住権と異なり、配偶者短期居住権には、使用借権と同様に、第三者対抗力がなく、配偶者短期居住権を登記することもできない。したがって、配偶者短期居住権を有する配偶者は、居住建物が譲渡された場合や居住建物につき差押えがされた場合に、配偶者短期居住権をもって、譲受人や差押債権者に対抗することができない。なお、居住建物を共同相続した配偶者

以外の相続人が配偶者短期居住権の目的となる居住建物の持分を失った場合には、配偶者は、当該相続人に対し、居住建物を使用させる義務（改正後の民法1037条2項）の不履行を理由として損害賠償を請求することができる。また、第三者による債権侵害の要件を満たすときは、配偶者は、その第三者に対して、不法行為を理由として損害賠償を請求することができる（部会資料21・4頁）。

〔潮見佳男〕

36　遺留分の帰属およびその割合

> 改正前民法1028条——削除（改正後の民法1042条に対応）

　本条は、改正後の民法1042条に対応する。
　改正後の民法1042条は、本条の実質的な内容を維持しつつ、（改正前民法1044条によって民法900条・901条が準用されることを明示するなど）内容をより明確化した形式的修正をした。この改正後の民法1042条の規定の新設により、本条は削除された。

〔前田陽一〕

37　遺留分算定の基礎

> 改正前民法1029条——削除（改正後の民法1043条に対応）

　本条は、改正後の民法1043条に対応する。
　改正後の民法1043条1項は、本条1項の実質的な内容を維持しつつ、その内容をより明確化した形式的修正をしたものである。この改正後の民法1043条1項の規定の新設により、本条は削除された（本条の見出しも、それに伴って「遺留分を算定するための財産の価額」に修正された）。
　本条2項は、「条件付きの権利又は存続期間の不確定な権利」の価格の評

価方法に関する規定であった。本項は、その文言を維持したまま、改正後の民法1043条2項に移設され、削除された。

〔前田陽一〕

38　遺留分の算定と贈与

> **改正前民法1030条**——削除（改正後の民法1044条に対応）

本条は、その内容の基本部分を維持しながら文言に形式的改善をするとともに、一部について実質的修正をした改正後の民法1044条の新設により、削除された。

すなわち、本条の文言は、改正後の民法1044条1項でそのまま維持されるとともに、同条2項の新設により、改正前民法1044条で民法904条が準用されていた関係を明示する改善がされた。

一方、改正後の民法1044条3項の新設により、相続人に対する贈与については、改正前民法1044条による民法903条の準用に関する従来の判例（最三小判平10.3.24民集52巻2号433頁）の解釈を立法的に変更するなど、実質的な改正がされた（詳細は改正後の民法1044条3項の解説55(3)を参照）。

〔前田陽一〕

39　遺贈または贈与の減殺請求

> **改正前民法1031条**——削除（改正後の民法1046条1項に対応）

本条は、遺贈および一定の贈与が「減殺の対象」になることを規定していたが、以下の修正をした改正後の民法1046条1項の新設により、削除された。

すなわち、同項は、第1に、改正前民法における遺留分減殺請求権の「物権的効果」と「現物返還の原則」を改め、遺留分侵害額に相当する「金銭債

権」のみが発生するものとした。

　第2に、「減殺の対象」ではなく、「遺留分侵害額請求権の相手方」の規定に改めるとともに、「受遺者」に準ずる者を明示して請求の相手方を明確化した（詳細は改正後の民法1046条1項の解説57(1)を参照）。

〔前田陽一〕

40　条件付権利等の贈与または遺贈の一部の減殺

> 改正前民法1032条——削除（改正後の民法1046条2項に対応）

　本条の内容は、「条件付きの権利又は存続期間の不確定な権利を贈与又は遺贈の目的」とした場合において、その「一部を減殺」するときは、①処分行為たる贈与または遺贈の「全部を減殺」した上で、②改正前民法1029条2項（改正後の民法1043条2項に同じ）による「鑑定人による評価額」と「減殺すべき価額」との差額（「残部の価額」）について直ちに受贈者または受遺者に給付するというものである。

　しかし、改正後の民法は、改正前の遺留分減殺請求権の「物権的効果」と「現物返還の原則」を改め、遺留分侵害額請求権として、遺留分侵害額に相当する「金銭債権」のみが発生する旨の規定を新設した（改正後の民法1046条1項）。これに伴って、「全部の減殺」と「残部の価額」の給付を規定する本条は、規定する意味を失い、削除された。

　本条に対応するものとして、改正後の民法1046条2項は、遺留分侵害額請求権の侵害額算定において、条件付権利等の贈与等も（上記の鑑定人による評価〔改正後の民法1043条2項〕という点を除いて）一般の贈与等と同列の扱いをしている（詳細は改正後の民法1046条2項の解説57(2)を参照）。

〔前田陽一〕

41　贈与と遺贈の減殺の順序

> 改正前民法1033条——削除（改正後の民法1047条1項1号に対応）

　本条は、遺贈を「減殺」した後でなければ、贈与を「減殺」することができない旨を規定していた。

　これに対し、改正後の民法は、遺留分減殺請求権の「物権的効果」と「現物返還の原則」を改め、遺留分侵害額請求権として、遺留分侵害額に相当する「金銭債権」のみが発生する旨の規定を新設した（改正後の民法1046条1項）。これに伴って贈与と遺贈の「減殺の順序」の問題は、受贈者と受遺者の遺留分侵害額の「負担の先後」の問題に置き換わることになった。

　これを踏まえた修正をした改正後の民法1047条1項1号の新設により、本条は削除された。なお、同項柱書は、遺贈に準ずるものを明示するなど、規定の内容をより明確化する修正もしている（詳細は改正後の民法1047条の解説58(1)を参照）。

〔前田陽一〕

42　遺贈の減殺の割合

> 改正前民法1034条——削除（改正後の民法1047条1項2号に対応）

　本条は、「遺贈」の「減殺の割合」について、遺言に別段の意思表示がない限り、その目的の価額の割合に応じる旨を規定していた。

　これに対し、改正後の民法は、遺留分減殺請求権の「物権的効果」と「現物返還の原則」を改め、遺留分侵害額請求権として、遺留分侵害額に相当する金銭債権のみが発生する旨の規定を新設した（改正後の民法1046条1項）。これに伴って、遺贈の「減殺の割合」の問題は、受遺者が複数ある場合における遺留分侵害額の「負担の割合」の問題に置き換わることになっ

た。

　これを踏まえた修正をした改正後の民法1047条1項2号の新設により、本条は削除された。

　なお、同号は、複数の受贈者が同時にされた「贈与」についても、本条に準じて「価額の割合」によってきた従来の解釈を「負担の割合」の問題に置き換えた形で明文化している。そのほか、同項柱書は、受贈者・受遺者が遺留分権利者である場合や、遺贈に準ずるものに関する従来の解釈を「負担額」の規定として明文化している（詳細は改正後の民法1047条の解説58(1)を参照）。

〔前田陽一〕

43　贈与の減殺の順序

> 改正前民法1035条──削除（改正後の民法1047条1項3号に対応）

　本条は、「贈与」の「減殺の順序」について、後の贈与から順次前の贈与に対してする旨を規定していた。

　これに対し、改正後の民法は、遺留分減殺請求権の「物権的効果」と「現物返還の原則」を改め、遺留分侵害額請求権として、遺留分侵害額に相当する金銭債権のみが発生する旨の規定を新設した（改正後の民法1046条1項）。これに伴って、贈与の「減殺の順序」の問題は、贈与者が複数ある場合における遺留分侵害額の「負担の順序」の問題に置き換わることになった。

　これを踏まえた修正をした改正後の民法1047条1項3号の新設により、本条は削除された。

　そのほか、複数の受贈者が贈与を同時にされた場合（同項2号）や、受贈者が遺留分権利者である場合（同項柱書）について、従来の解釈を「負担額」の規定として明文化する修正もされている（詳細は改正後の民法1047条

1項の解説58(1)を参照）。

〔前田陽一〕

44　受贈者による果実の返還

> 改正前民法1036条——削除（改正後の民法1046条2項に対応）

　本条は、改正前民法の遺留分減殺請求権における「物権的効果」と「現物返還の原則」に伴う規定である。改正後の民法が、これを改め、遺留分侵害額に相当する金銭債権のみが発生するものとしたことに伴って、本条は削除された（第23回部会議事録46頁）。

　これに対応するものとして、改正後の民法1046条2項は、遺留分侵害額請求権の「侵害額」の算定において、権利行使後に発生した果実については考慮していない。

〔前田陽一〕

45　受贈者の無資力による損失の負担

> 改正前民法1037条——削除（改正後の民法1047条4項に対応）

　本条は、その実質的な内容を維持しつつ、「減殺」の請求から遺留分侵害額の負担額の請求への改正を踏まえた形式的修正をした改正後の民法1047条4項の新設により、削除された。

〔前田陽一〕

46　負担付贈与の減殺請求

> 改正前民法1038条——削除（改正後の民法1045条1項に対応）

　本条は、負担付贈与の「減殺の対象範囲」について、「その目的の価額か

ら負担の価額を控除したもの」を限度とするものであるが、以下の修正をした改正後の民法1045条1項の新設により、削除された。

　すなわち、改正後の民法は、遺留分減殺請求権の「物権的効果」と「現物返還の原則」を改め、遺留分侵害額に相当する金銭債権のみが発生するものとした（改正後の民法1046条1項）。これに伴って、改正後の民法1045条1項は、「減殺」を前提とする規定を改めるとともに、「遺留分を算定するための財産の価額」への算入について、贈与の「目的の価額から負担の価額を控除した額」としたものである。また、改正後の民法1047条1項柱書・2項の新設と相まって、改正前民法において存在した「算入」の対象と「減殺」の対象をめぐる解釈問題を立法的に解決した（改正後の民法1045条1項の解説56(1)、1047条1項柱書・2項の解説58(1)(a)および(2)参照）。

〔前田陽一〕

47　不相当な対価による有償行為

> 改正前民法1039条──削除（改正後の民法1045条2項に対応）

　本条は、不相当な対価による有償行為について一定の場合に贈与とみなし、その「減殺」を請求するときに「その対価を償還」する旨を規定していたが、以下の修正をした改正後の民法1045条2項の新設により、削除された。

　すなわち、改正後の民法は、遺留分減殺請求権の「物権的効果」と「現物返還の原則」を改め、遺留分侵害額に相当する金銭債権のみが発生するものとした（改正後の民法1046条1項）。これに伴って、改正後の民法1045条2項は、「減殺」を前提とする規定を改めるとともに、贈与とみなされる前記行為について、当該対価を負担の価額とする負担付贈与とみなす旨の実質的修正をした。また、改正後の民法1047条1項柱書・2項の新設と相まって、改正前民法において存在した「算入」の対象と「減殺」の対象をめぐる不都

合を立法的に解決した（改正後の民法1045条2項の解説56(2)、1047条1項柱書・2項の解説58(1)(a)および(2)参照）。

〔前田陽一〕

48　受贈者が贈与の目的を譲渡した場合等

> 改正前民法1040条——削除

　本条は、改正前の遺留分減殺請求権の「物権的効果」と「現物返還の原則」のもと、「減殺」すべき贈与の目的が譲渡された場合などにおける、受贈者や悪意の譲受人に対する遺留分減殺請求権の内容について規定するものであった。

　しかし、遺留分侵害額に相当する金銭債権のみが発生する遺留分侵害額請求権への改正（改正後の民法1046条1項）に伴って、本条は規定する意味を失い、削除された。

〔前田陽一〕

49　遺留分権利者に対する価額による弁償

> 改正前民法1041条——削除

　本条は、改正前の遺留分減殺請求権の「物権的効果」に基づく「現物返還の原則」に対する例外として、価額による弁償を規定していた。

　しかし、遺留分侵害額に相当する金銭債権のみが発生する遺留分侵害額請求権への改正（改正後の民法1046条1項）に伴って、本条は、これを規定する意味を失い、削除された。

〔前田陽一〕

50 減殺請求権の期間の制限

> 改正前民法1042条──修正して改正後の民法1048条に移設

　本条は、その実質的な内容を維持しつつ、(改正前民法の遺留分減殺請求権を改め、遺留分侵害額に相当する金銭債権のみが発生する旨の改正後の民法1046条1項を新設したことに伴う) 形式的な修正をした改正後の民法1048条（遺留分侵害額請求権の期間の制限）に移設された。

〔前田陽一〕

51 遺留分の放棄

> 改正前民法1043条──改正後の民法1049条に移設

　本条は、文言の修正を受けることなく、改正後の民法1049条に移設された。

〔前田陽一〕

52 代襲相続および相続分の規定の準用

> 改正前民法1044条──削除

　本条は、民法887条2項・3項（子の代襲者等の相続権）、900条（法定相続分）、901条（代襲相続人の法定相続分）、903条・904条（特別受益者の相続分）の各規定が、遺留分に準用される旨を規定していた。

　本条によって準用される規定の適用関係は、改正後の民法1042条2項および1044条2項・3項において明文化された（ただし、再代襲を含む代襲相続人も「相続人」であることに変わりがなく、その相続分に関する民法901条については適用関係が明文化されることから、民法887条2項・3項の適用

関係について改正法では明文化されていない)。それによって、本条は規定する意味を失い、削除された。

〔前田陽一〕

53　遺留分の帰属およびその割合

> **第1042条**
> 1　兄弟姉妹以外の相続人は、遺留分として、次条第1項に規定する遺留分を算定するための財産の価額に、次の各号に掲げる区分に応じてそれぞれ当該各号に定める割合を乗じた額を受ける。
> 一　直系尊属のみが相続人である場合　3分の1
> 二　前号に掲げる場合以外の場合　2分の1
> 2　相続人が数人ある場合には、前項各号に定める割合は、これらに第900条及び第901条の規定により算定したその各自の相続分を乗じた割合とする。

(1)　本条1項は、改正前民法1028条を、その実質的な内容を維持しつつ、その内容をより明確化した形式的修正をしたものである。
(2)　本条2項は、改正前民法1044条が、遺留分について、民法900条および901条を準用していた、その意味を明示的に規定したものである。

上記の修正によって、遺留分の額が、以下の計算式で算出されることが明示された。

> 「遺留分」
> ＝（改正後の民法）1043条1項に規定する「遺留分を算定するための財産の価額」
> ×1042条1項「各号に定める割合」（いわゆる総体的遺留分率）

> ×1042条2項の規定する「各自の相続分」（法定相続分）

〔前田陽一〕

54　遺留分を算定するための財産の価額

> **第1043条**
> 1　遺留分を算定するための財産の価額は、被相続人が相続開始の時において有した財産の価額にその贈与した財産の価額を加えた額から債務の全額を控除した額とする。
> 2　条件付きの権利又は存続期間の不確定な権利は、家庭裁判所が選任した鑑定人の評価に従って、その価格を定める。

(1)　本条1項は、改正前民法1029条1項を、その実質的な内容を維持しつつ、その内容をより明確化した形式的修正をしたものである。

　改正前民法1029条は、「遺留分の算定」という見出しであったが、いわゆる「遺留分算定の基礎となる財産」に関する規定であった。

　そこで本条は、「遺留分を算定するための財産の価額」という見出しに改めて、条文の趣旨をより明確にしつつ、改正前民法1029条1項について、上記の修正をしたものである。本条1項の内容は、次の計算式になる。

> 「遺留分を算定するための財産の価額」
> ＝「被相続人が相続開始の時において有した財産の価額」
> ＋「（改正後の民法1044条・1045条の）被相続人の贈与した財産の価額」
> －「債務の全額」

(2)　本条2項は、改正前民法1029条2項と同一である。

☞関連する家事事件手続法216条の改正については**第2部4**参照。〔前田陽一〕

55　贈与の価額の算入

> **第1044条**
> 1　贈与は、相続開始前の１年間にしたものに限り、前条の規定によりその価額を算入する。当事者双方が遺留分権利者に損害を加えることを知って贈与をしたときは、１年前の日より前にしたものについても、同様とする。
> 2　第904条の規定は、前項に規定する贈与の価額について準用する。
> 3　相続人に対する贈与についての第１項の規定の適用については、同項中「１年」とあるのは「10年」と、「価額」とあるのは「価額（婚姻若しくは養子縁組のため又は生計の資本として受けた贈与の価額に限る。）」とする。

　本条は、改正前民法1030条に対応する。すなわち、本条１項は、改正前民法1030条の規定をそのまま維持したものであり、本条２項は、改正前民法1044条からの規定の準用関係を明確化したものであって、相続人に対する贈与に関する本条３項によって実質的な改正がされている。

(1)　本条１項は、上記のように、改正前民法1030条の規定をそのまま維持しているが、後記(4)のように、本条３項の新設によって、相続人に対する贈与には適用がないことが明確化された（相続人に対する特別受益でない贈与は相続開始前の１年間のものであっても適用がない）。

(2)　本条２項は、改正前民法1044条が904条を遺留分について準用していた適用関係とその趣旨を明文化したものである。

(3)　本条３項は、改正前民法1044条が903条を遺留分について準用していた適用関係を明文化しつつ、その価額が算入される相続人に対する贈与を「相続開始前の10年間」のものに限るという改正をした（ただし、遺留分侵害について当事者双方が悪意のときは本条３項・１項後段によって10年よりも前

の贈与も算入対象となることは改正前と変わりがない)。

　すなわち、改正前民法1044条による903条の準用について、判例は、①相続人に対する民法903条1項の特別受益となる贈与は、改正前民法1030条の要件(本条1項において改正後も維持されている)を満たさないものであっても、すべて遺留分算定の基礎となる財産に算入され、原則として減殺の対象となるが、②例外として、「相続開始よりも相当以前にされたものであって、その後の時の経過に伴う社会経済事情や相続などの関係人の個人的事情の変化をも考慮するとき、減殺請求を認めることが右相続人に酷であるなどの特段の事情」があるときは、減殺の対象とならない(最三小判平10．3．24民集52巻2号433頁)、としていた。

　しかし、相続人に対する何十年も前の古い贈与が原則として算入されることにより、その存在を知りえない第三者である受遺者等に対する減殺の範囲が変わり、第三者の法的安定性を害することから、中間試案では、「相続人に対する贈与は、相続開始前の一定期間(例えば5年間)にされたもの」に限定する案が提示された(中間試案14頁、中間試案補足説明61～65頁)。その後、5年間は短いなどのパブリックコメントを踏まえ、相続人間の公平の要請にも配慮しつつ相続開始後の一定期間に限定するという当初の基本的な考え方は維持しながら、「相続開始前の10年間」に限定するという新たな案が提示され(部会資料16・13～14頁)、本条3項の「10年」という規定に至った。

　ただし、改正前に存在した他の問題点、すなわち、特別受益に当たる贈与として何年前の贈与であっても減殺の対象となるのが原則であるところ、相続放棄等によって相続人でなくなることで、改正前民法1030条の要件を満たす場合のみ減殺の対象となる(遺留分侵害について当事者双方が悪意でない限り相続開始から1年間の贈与に限定される)という不均衡については、改正後も相続放棄等で本条3項の10年の期間が本条1項前段の1年になりうる形で残ることになる。

なお、改正前民法において、「持戻し免除の意思表示」があっても「遺留分算定の基礎となる財産」に算入していた判例（最一小決平24．1．26金法1947号108頁）の規律は、改正後の民法においても維持される（改正前民法1044条は単に903条を準用していただけであるので、上記判例のような解釈を要したが、改正後の民法は、本条3項で、持戻しの免除に関する改正後の民法903条3項・4項が準用されない形で明文化している）。

(4)　本条3項は、相続人に対する贈与について、「婚姻若しくは養子縁組のため又は生計の資本として受けた贈与の価額に限る」として、民法903条1項の特別受益に当たるものに限定している。

　改正前民法1030条前段（改正後も本条1項前段で維持される）については、相続人に対する贈与で民法903条1項の特別受益に当たらないものが、適用対象となるか否かが明確ではなく、その点に関する議論もされてこなかった。部会資料では、①仮に特別受益に当たらない贈与が算入対象となると、日常的な生活費の交付と区別し難いことや、贈与の時期によって算入の対象が異なるなどの問題が生じうること、②相続人に対する贈与と第三者に対する贈与については意味内容が異なることから、相続人に対する贈与を特別受益に限定する相応の理由があるとして、相続人に対する贈与については、時期にかかわらず相当額以上のものに限るとする立場が示され（部会資料24-2・35頁）、上記の規定に至った。

　なお、改正前民法1044条が903条を単純に準用していたのに対し、本項3項が「相続人」に対する贈与に係る1項の適用について「婚姻若しくは養子縁組のため又は生計の資本として受けた贈与の価額に限る」としたことは、前記(3)の末尾で述べた点とともに、次の点も含意するものといえる。すなわち、このような規定の仕方をすることで、遺留分算定の基礎に算入される特別受益に当たる贈与について、民法903条1項のいう「共同相続人」だけではなく「単独相続」の場合も含む通説の解釈（遺産の前渡しの性格を有する点は共同相続・単独相続で変わりがないとする）を明文化したことにもな

る。

〔前田陽一〕

56　負担付贈与と不相当な対価をもってした有償行為

> **第1045条**
> 1　負担付贈与がされた場合における第1043条第1項に規定する贈与した財産の価額は、その目的の価額から負担の価額を控除した額とする。
> 2　不相当な対価をもってした有償行為は、当事者双方が遺留分権利者に損害を加えることを知ってしたものに限り、当該対価を負担の価額とする負担付贈与とみなす。

(1)　本条1項は、改正後の民法で新設されたものであるが、改正前民法1038条に実質的に対応するものである。

　改正前民法1038条は、負担付贈与について、「その目的の価額から負担の価額を控除したもの」を限度に、「減殺」を認めていた。

　ただし、「遺留分算定の基礎となる財産」（改正後の民法では「遺留分を算定するための財産の価額」）への算入については、①負担の価額を控除したものになるのか（一部算入説）、②控除しない全額になるのか（全額算入説）、解釈が分かれていた。

　改正後の民法は、遺留分減殺請求権の「物権的効果」と「現物返還の原則」を改め、遺留分侵害額に相当する金銭債権のみが発生するものとした（改正後の民法1046条1項）。これに伴って、本条1項は、㋐「減殺」を前提とする規定を改めるとともに、㋑「遺留分を算定するための財産の価額」への「算入」について、贈与の「目的の価額から負担の価額を控除した額」であることを明確化した修正をし、かつ、㋒上記①の一部算入説の立場を明らかにする立法的解決をしたものである（上記②の全額算入説の不都合も含め

て、部会資料16・15〜17頁、部会資料13・22〜24頁参照)。

　この改正と改正後の民法1047条1項柱書(遺留分侵害額の負担額を定める上で対象となる贈与を「遺留分を算定するための財産の価額に算入されるものに限る」)・同条2項(本条を準用)の新設とが相まって、「算入」の対象となる範囲が、遺留分侵害額の「負担額」を定める上で対象となる範囲に対応することが、明確化された。

(2)　本条2項は、改正前民法1039条に対応するものである。

　改正前民法1039条は、「不相当な対価による有償行為」で、「当事者双方が遺留分権利者に損害を加えることを知ってしたもの」について、これを贈与とみなし、その「減殺」を請求するときに、その対価を償還する旨を規定していた。

　これは、「遺留分算定の基礎となる財産」(改正後の民法では「遺留分を算定するための財産の価額」)への「算入」については、「対価を控除した残額」が対象となるが、「減殺」については「全額」が対象であって、その代わりに、対価を償還するというものであると解される。しかし、部会資料では、①「全額」を減殺の対象とすることの不都合が指摘され、②「残額」を減殺の対象にして対価を償還しないことが合理的であることが指摘された(部会資料16・17〜18頁、部会資料13・24〜25頁)。

　本条2項は、㋐「減殺」を前提とする規定を改めるとともに、㋑贈与とみなされる上記有償行為を「遺留分を算定するための財産の価額」に「算入」するにあたり、当該対価を負担の価額とする負担付贈与とみなす旨の規定を新設して、改正前民法からの規律を明文化し、かつ、㋒改正後の民法1047条1項柱書(遺留分侵害額の負担額を定める上で対象となる贈与を「遺留分を算定するための財産の価額に算入されるものに限る」)・同条2項(本条を準用)の新設と相まって、「算入」の対象となる範囲が、遺留分侵害額の「負担額」を定める上で対象となる範囲に対応することを明確化して、上記の改正前民法1039条の不都合を立法的に解決したものである(上記②の「残額」

を減殺の対象とする立場と軌を一にするものである）。

(3) 前記(2)のように、本条による財産の価額は、改正後の民法1047条2項による準用で、受贈者の「負担額」が定められる際も用いられることになる。

〔前田陽一〕

57 遺留分侵害額の請求

> **第1046条**
> 1 遺留分権利者及びその承継人は、受遺者（特定財産承継遺言により財産を承継し又は相続分の指定を受けた相続人を含む。以下この章において同じ。）又は受贈者に対し、遺留分侵害額に相当する金銭の支払を請求することができる。
> 2 遺留分侵害額は、第1042条の規定による遺留分から第1号及び第2号に掲げる額を控除し、これに第3号に掲げる額を加算して算定する。
> 一 遺留分権利者が受けた遺贈又は第903条第1項に規定する贈与の価額
> 二 第900条から第902条まで、第903条及び第904条の規定により算定した相続分に応じて遺留分権利者が取得すべき遺産の価額
> 三 被相続人が相続開始の時において有した債務のうち、第899条の規定により遺留分権利者が承継する債務（次条第3項において「遺留分権利者承継債務」という。）の額

(1) 本条1項は、改正前民法1031条に対応するものである。

(a) 本条1項は、改正前民法の遺留分減殺請求権の「物権的効果」と「現物返還の原則」を改め、遺留分侵害額に相当する「金銭債権」のみが発生する旨を規定する。

上記の基本的な方向性を示した中間試案補足説明（55～56頁）を一部敷衍

すると、改正の趣旨は以下のようになる。

　すなわち、第1に、①改正前民法上は、形成権としての減殺請求権の行使により、遺贈または贈与は遺留分を侵害する限度で失効し、受遺者または受贈者が取得した権利は、その限度で当然に減殺請求をした遺留分権利者に帰属するという「物権的効果」が発生するものとされており（最二小判昭51．8．30民集30巻7号768頁、最一小判昭57．3．4民集36巻3号241頁）、②その結果、目的財産が特定物の場合は、受遺者または受贈者と遺留分権利者との間の共有になることが多く、③このような帰結は、共有関係の解消をめぐって複雑な法律関係や新たな紛争を生じさせることになり、円滑な事業承継を困難にするという問題があった。

　第2に、そもそも、①明治民法における家督相続制度のもとでは、遺留分制度は家産の維持を目的とするものであり、とくに家督相続人以外の第三者に遺贈または贈与がされた場合は、家督相続人である遺留分権利者に遺贈または贈与の目的財産の権利を帰属させる必要があったため、物権的効果を認める必要性が高かったが、②これに対し、戦後の共同相続を原則とする遺産相続制度のもとでは、遺留分制度は、遺留分権利者の生活保障や潜在的持分の清算等を目的とするものになっており、その目的のためには、「物権的効果」まで認める必要性はなく、遺留分権利者に遺留分侵害額に相当する金銭債権を発生させれば十分である。

　本条1項は、上記の趣旨で、従来の遺留分減殺請求権の物権的効果を金銭債権化したものであって、改正前の遺留分減殺請求権が形成権であったように、改正後の遺留分侵害額請求権も形成権であることについては変わらない。形成権の行使の効果として金銭債権が発生するものである（部会資料26-1・15頁）。

(b)　また、本条1項は、改正前民法1031条が遺贈および一定の贈与を「減殺」の対象としていたのを改め、前記(a)のように、受遺者等に対する形成権の行使の効果として、受遺者等に対する「遺留分侵害額に相当する」金銭債

権が発生するものとした。

　前記(a)のように、改正前民法における「物権的効果」は、形成権としての「減殺」請求権の行使により、遺贈または贈与を遺留分を侵害する限度で「失効」させることに基づくものであった。これに対し、改正後の民法が、「物権的効果」を否定して「金銭債権」のみが発生するとしたことは、遺留分を侵害する遺贈や贈与も、その効力を（遺留分権利者による権利行使後も）維持したまま、金銭でその価値を返還させることを意味する（第21回部会議事録14頁）。したがって、「物権的効果」の改正に伴うものとして、遺贈や贈与を「減殺」する旨の文言も改正されることになった。

(c)　さらに、本条 1 項は、㋐前記(b)で述べた遺贈や贈与の「減殺」という文言の修正と、それに伴う遺留分侵害額請求権の相手方として「受遺者」と「受贈者」を明確化しつつ、㋑受遺者に準ずるものと解されてきた「特定財産承継遺言により財産を承継し又は相続分の指定を受けた相続人」を明示したものである。

　「特定財産承継遺言」とは、「遺産の分割の方法の指定として遺産に属する特定の財産を共同相続人の一人又は数人に承継させる旨の遺言」（改正後の民法1014条 2 項）であり、民法908条の遺産分割方法のうち、「特定の財産を特定の相続人に相続させる旨の遺言」（最二小判平 3 . 4 .19民集45巻 4 号477頁）に当たるものである（部会資料24- 2 ・ 6 頁）。

　判例は、「特定の財産を特定の相続人に相続させる旨の遺言」で与える行為（最一小判平10. 2 .26民集52巻 1 号274頁〔かかる遺言の事例で改正前民法1034条の遺贈の「目的の価額」を遺留分を超える部分とした〕）や「相続分の指定」（最一小決平24. 1 .26金法1947号108頁）も減殺の対象としてきたことを踏まえて、遺留分侵害額請求権の相手方として、上記㋑を明文化したものである。

(2)　本条 2 項は、改正前民法から実務で行われてきた遺留分侵害額の算定方法を明文化したものである（部会資料22- 2 ・27頁、追加試案補足説明59～

57 遺留分侵害額の請求

61頁)。

(a) すなわち、判例（最三小判平8.11.26民集50巻50号2747頁）は、「被相続人が相続開始の時に債務を有していた場合の遺留分の額は、民法1029条、1030条、1044条に従って、被相続人が相続開始の時に有していた財産全体の価額にその贈与した財産の価額を加え、その中から債務の全額を控除して遺留分算定の基礎となる財産額を確定し、それに同法1028条所定の遺留分の割合を乗じ、複数の遺留分権利者がいる場合は更に遺留分権利者それぞれの法定相続分の割合を乗じ、遺留分権利者がいわゆる特別受益財産を得ているときはその価額を控除して算定すべきものであり、遺留分の侵害額は、このようにして算定した遺留分の額から、遺留分権利者が相続によって得た財産がある場合はその額を控除し、同人が負担すべき相続債務がある場合はその額を加算して算定するものである」としている。

また、判例（最三小判平21.3.24民集63巻3号427頁）は、遺留分の「侵害額の算定は、相続人間において、遺留分権利者の手元に最終的に取り戻すべき遺産の数額を算出するものというべきである」として、相続分の指定がある場合の相続債務額について、法定相続分ではなく指定相続分の割合で算定している（これを敷衍すれば、遺留分侵害額の算定は相続人間の法律関係の最終的な調整である以上は、承認がない限り指定相続分を対抗できない相続債権者との関係において法定相続分で債務を負担〔前掲最三小判平21.3.24および改正後の民法902条の2〕したとしても、そのようないわば暫定的な法律状態を前提として侵害額の算定をすべきではなく、あくまでも相続人間で求償関係が終了した後の指定相続分による債務負担状態を前提としたものである）。つまり、民法899条の「相続分」（相続分の指定があるときは指定相続分になる）に応じて承継される債務の額で算定していることになる。

(b) 本条2項は、このような算定方法を明文化したものであり、下記の計算式となる（従前の多数説は、前掲最三小判平8.11.26の「特別受益の財産の

価額」の控除を、「遺留分の額」の算定の段階ではなく、「遺留分の侵害額」の算定の段階で行うものであり、「遺留分の額」の定義と算定は異なるものの、「遺留分の侵害額」の算定結果については同一に帰していた。本条2項が規定する計算式や用語は多数説に基づくものであるが、遺留分侵害額の算定結果については判例と同一に帰する）。

「遺留分侵害額」
＝「（改正後の民法）1042条の規定による遺留分」
－①「遺留分権利者が受けた遺贈又は第903条第1項に規定する贈与の価額」
－②「第900条から第902条まで、第903条及び第904条の規定により算定した相続分に応じて遺留分権利者が取得すべき遺産の価額」
＋③「第899条の規定により遺留分権利者が承継する債務の額」

　上記①は、換言すれば、遺留分権利者が受けた特別受益の額ということになる。本項では、遺贈について、「特定財産承継遺言による財産の承継」を含むものとしていない（改正後の民法1047条1項柱書の「遺贈」の括弧書注記を参照）。「特定の財産を特定の相続人に相続させる遺言」について、民法903条との関係においては、「遺贈」に準ずるものと解する余地がある（広島高裁岡山支判平17.4.11家月57巻10号86頁、山口家裁萩支決平6.3.28家月47巻4号50頁）とすれば、「特定財産承継遺言による財産の承継」を上記①の遺贈に準ずるものと解する余地もあり、解釈問題として残されている。

　上記②は、具体的相続分に応じて遺産を取得したものとした場合の当該遺産の価額（寄与分による修正は考慮しない〔寄与分に関する民法904条の2が本条2項2号には規定されていない〕が、持戻し免除に関する改正後の民法903条3項・4項の規定は排除されていないので、侵害額の算定では考慮されることになろう）ということになる（部会資料26-1・17頁、部会資料12・29頁参照）。これは、⑦遺留分侵害が問題となる多くの場合に特別受益

となる生前贈与が存在するにもかかわらず、これを考慮しないで算定すると、その後に遺産分割がされた場合に齟齬が大きくなること、㋑遺産分割が終了した後について実際に取得した額を基準とするならば、遺産分割手続の進行との関係で遺留分の算定が左右されること、㋒遺留分の争いは通常の裁判所で判断されるが、寄与分は家庭裁判所の審判で形成されることを踏まえたものである（中間試案補足説明70〜74頁）。

　上記③は、前記(a)後段で述べた判例を明文化したものである（民法899条にいう「相続分」は、改正後の民法902条による遺言による「相続分」の指定があるときは、指定相続分になる。民法990条の包括遺贈により法定相続分が修正されるときも同様に解される）。なお、上記③の相続債務額は、改正後の民法1047条3項の「遺留分権利者承継債務」に対応する。

〔前田陽一〕

58　受遺者または受贈者の負担額

第1047条

1　受遺者又は受贈者は、次の各号の定めるところに従い、遺贈（特定財産承継遺言による財産の承継又は相続分の指定による遺産の取得を含む。以下この章において同じ。）又は贈与（遺留分を算定するための財産の価額に算入されるものに限る。以下この章において同じ。）の目的の価額（受遺者又は受贈者が相続人である場合にあっては、当該価額から第1042条の規定による遺留分として当該相続人が受けるべき額を控除した額）を限度として、遺留分侵害額を負担する。

一　受遺者と受贈者とがあるときは、受遺者が先に負担する。

二　受遺者が複数あるとき、又は受贈者が複数ある場合においてその贈与が同時にされたものであるときは、受遺者又は受贈者がその目的の価額の割合に応じて負担する。ただし、遺言者がその遺言に別段の意思を表示したときは、その意思に従う。

> 三　受贈者が複数あるとき（前号に規定する場合を除く。）は、後の贈与に係る受贈者から順次前の贈与に係る受贈者が負担する。
> 2　第904条、第1043条第2項及び第1045条の規定は、前項に規定する遺贈又は贈与の目的の価額について準用する。
> 3　前条第1項の請求を受けた受遺者又は受贈者は、遺留分権利者承継債務について弁済その他の債務を消滅させる行為をしたときは、消滅した債務の額の限度において、遺留分権利者に対する意思表示によって第1項の規定により負担する債務を消滅させることができる。この場合において、当該行為によって遺留分権利者に対して取得した求償権は、消滅した当該債務の額の限度において消滅する。
> 4　受遺者又は受贈者の無資力によって生じた損失は、遺留分権利者の負担に帰する。
> 5　裁判所は、受遺者又は受贈者の請求により、第1項の規定により負担する債務の全部又は一部の支払につき相当の期限を許与することができる。

　本条は、①遺留分を侵害する受遺者や受贈者が複数ある場合の減殺の順序と割合に関する改正前民法の内容を実質的に維持した上で、遺贈や贈与の「減殺」を前提とする規定を遺留分侵害額の「負担」に修正しつつ、規定の内容を明確化する一方（1項・2項）、②遺留分侵害額の負担にかかる金銭債務について、㋐受遺者等が無資力の場合の改正前民法からの規律を維持しつつ（4項）、㋑遺留分権利者が承継した相続債務を受遺者等が弁済等により消滅させた場合の法律関係（3項）や、㋒債務の支払に関する期限の許与（5項）に関する新たな規律を設けたものである。
⑴　本条1項（以下「本項」という）は、遺留分を侵害する受遺者や受贈者が複数ある場合の「減殺」の順序と割合に関する改正前民法1033条から1035条の内容を実質的に維持しつつ、遺贈や贈与の「減殺」を前提とする規定を

遺留分侵害額の「負担」に修正するとともに、「減殺」に関する従来の判例・通説に従って、遺留分侵害額の「負担」の順序と割合に関する規定の内容を明確化したものである。

(a) 本項柱書は、第1に、判例が、「特定の財産を特定の相続人に相続させる旨の遺言」で与える行為（最一小判平10.2.26民集52巻1号274頁〔かかる遺言の事例で改正前民法1034条の遺贈の「目的の価額」を遺留分を超える部分とした〕）や「相続分の指定」（最一小決平24.1.26金法1947号108頁）を「減殺」の対象として、改正前民法1031条の「遺贈」に準じた扱いをしてきたことを踏まえて、遺留分侵害額の「負担額」を定める上で「遺贈」に準ずる扱いをすることを明文化したものである。

第2に、「遺留分を算定するための財産の価額」に「算入」される「贈与」が、「遺留分侵害額」の「負担額」を定める対象となる「贈与」に当たることを明文化した。

改正前民法も、原則として、「算入」の対象を「減殺」の対象としつつ（改正前民法1031条の「前条」、1044条による903条の準用参照）、対象範囲を異にする規定もあった（改正前民法1039条）が、この点は、本条2項で実質的に改められた（後記(2)の第3点参照。そのほか、負担付贈与について議論があった点について改正後の民法1045条1項の解説56(1)参照）。また、改正前民法1044条で準用される民法903条の特別受益となる贈与についても、算入の対象でありながら減殺の対象にならない例外が判例上認められていた（最三小判平10.3.24民集52巻2号433頁。改正後の民法1044条3項の解説55(3)参照）が、この点は、改正後の民法1044条3項（算入の対象を相続開始後「10年」間にしたものに限定）と本項の新設により、実質的に改められた。

第3に、「目的の価額」についての括弧書の注記は、相続人（遺留分権利者）に対する「遺贈」が「減殺」の対象となる場合において、当該遺贈の目的の価額のうち受遺者の遺留分額を超える部分のみが改正前民法1034条にいう「目的の価額」に当たるとする判例（前掲最一小判平10.2.26）の準則を

踏まえたものである。減殺の循環を避けるという趣旨で共通する相続人（遺留分権利者）に対する「贈与」も含め、かつ、「減殺」の対象・範囲の問題を遺留分侵害額の「負担額」の問題に置き換えた形で、明文化したものである（追加試案補足説明62頁）。

(b)　本項1号は、改正前民法1033条の内容を実質的に維持しながら、「減殺」の順序の問題を遺留分侵害額の「負担」の順序の問題に置き換えたものである。

　なお、死因贈与がされた場合の「減殺」の順序については、「遺贈に次いで、生前贈与より先」に対象とする裁判例（東京高判平12.3.8判時1753号57頁）もあるが、最高裁判例ではなく、遺贈に準ずる有力説もあることなどから、「負担」の順序の明文化は見送られた（部会資料25-2・16頁）。

(c)　本項2号は、改正前民法1034条の内容を実質的に維持しながら、同条が準用される、複数の受贈者が同時に贈与された場合も含め、かつ、「減殺」の割合の問題を遺留分侵害額の「負担」の割合の問題に置き換えたものである。

(d)　本項3号は、改正前民法1035条の内容を実質的に維持しながら、「減殺」の順序の問題を遺留分侵害額の「負担」の順序の問題に置き換えたものである。

(2)　本条2項は、①遺贈や贈与の「減殺の順序・割合」から、遺留分侵害額の「負担の順序・割合」への修正に伴うものであり、②（遺留分侵害額請求を受ける受遺者または受贈者の）「負担額」を本条1項で定める際の「遺贈又は贈与の目的の価額」の評価方法について、「遺留分を算定する財産の価額」に関する民法904条、改正後の民法1043条2項および1045条の規定を準用することによって、規律の内容を明確化したものである。

　第1に、民法904条の準用により、「受贈者の行為によって、その目的である財産が滅失し、又はその価格の増減があったときであっても、相続開始の時においてなお原状のままであるものとみなして」、本条1項柱書および2

号の「贈与の目的の価額」が評価されることになる。

なお、改正前民法の解釈としても、改正前民法1044条で「遺留分について」準用されていた民法904条が、かかる同時贈与に準用される余地はあるものと考えられる。

第2に、改正後の民法1043条2項の準用により、「条件付きの権利又は存続期間の不確定な権利」は「家庭裁判所が選任した鑑定人の評価に従って」、本条1項柱書・2号の「遺贈」または「贈与」の「目的の価額」として評価されることになる。

改正後の民法1043条2項は、改正前民法1029条2項の規定をそのまま移設したものである。同項は、「遺留分の算定」に関する規定であるが、改正前民法の「減殺」に関しても、改正前民法1031条の適用において、かかる評価方法が準用されていたといえる（改正前民法1032条参照）。

第3に、改正後の民法1045条の準用により、①「負担付贈与がされた場合における第1043条第1項に規定する贈与した財産の価額」については、「その目的の価額から負担の価額を控除した額」により、また、②「不相当な対価をもってした有償行為」で「当事者双方が遺留分権利者に損害を加えることを知ってしたもの」については、「当該対価を負担の価額とする負担付贈与とみな」して、それぞれ、本条1項柱書・2号の「遺贈」または「贈与」の「目的の価額」として評価されることになる。

上記①は、負担付贈与の「減殺」に関する改正前民法1038条の実質的内容を、遺留分侵害額の「負担」に置き換えたものである。

上記②は、改正前民法が「遺留分算定の基礎となる財産」への「算入」については、当該行為の「対価を控除した残額」を対象としつつ、「減殺」については「全部」を対象として対価を償還していた（改正前民法1039条）のを改めたものである。すなわち、「遺留分を算定する財産の価額」に「算入」する場合のみならず、遺留分侵害額の「負担額」を定める場合についても、「対価を控除した残額」を対象とする旨の改正をしたものである（改正前民

法の問題点について改正後の民法1045条2項の解説56(2)参照）。もっとも、遺留分権利者から請求を受ける受贈者の実質的な負担という点では変わりがないともいえる。

(3)　本条3項は、改正後の民法において、新たに設けられたものである。

(a)　本条3項前段は、前条1項の遺留分侵害額の請求を受けた受遺者または受贈者が、民法899条により遺留分権利者に承継された相続債務（遺留分権利者承継債務〔改正後の民法1046条2項3号参照〕）につき弁済・免責的債務引受などの債務を消滅させる行為をしたときに、消滅した債務額の限度において、遺留分権利者に対し、本条1項により負担する債務の消滅を請求することができるとするものである。

　本規律は、実質的には相殺に近い意義を有することから、遺留分権利者に対し負担する債務を消滅させる意思表示について、時的限界を設ける必要はないとされた（部会資料22-2・28頁）。

　遺留分権利者が破産した場合について、部会資料では、以下の議論がされている（部会資料25-2・17頁）。すなわち、①支払不能等の危機時期以後に受遺者等が遺留分権利者承継債務を弁済したことで、遺留分侵害額請求権の一部につき消滅請求を認める場合については、破産財団との関係では求償権を自働債権とする「相殺を認めたのとほぼ同様の効果が生ずること等を重視すれば」、破産法72条1項2号～4号の「相殺禁止規定の類推適用を認める余地がある」一方、②受遺者等が免責的債務引受をしたことで、遺留分侵害額請求権の一部につき消滅請求を認める場合については、受遺者等は求償権を取得せず自働債権との「債権の対立自体を観念することができない点を重視すれば、相殺禁止規定を類推適用する基礎がないようにも思われる」が、「破産債権（遺留分権利者に対する債権）を消滅させることに伴い、破産財団に属すべき財産が減少する」関係にあることに変わりはないこと等に照らすと、「類推適用を認める余地がないとはいえない」としている。

(b)　本条3項後段は、受遺者等による遺留分権利者承継債務に対する弁済等

により、受遺者等が本条1項の規定で負担する債務を消滅させた場合（本条3項前段の場合）、消滅させたその額の限度で、受遺者等が遺留分権利者に対して取得した求償権が消滅する旨を規定する。

　中間試案15頁においては、本項前段とは異なり、受遺者等による遺留分権利者承継債務に対する弁済等により「遺留分権利者の権利」が、その消滅した債務額の限度で減縮する旨を規定していた。しかし、遺留分権利者の権利の内容が当然に減縮され、弁済等をした受遺者等以外の受遺者等に対する金銭債権についても減縮されることで、求償債権の処理につき困難な問題が生じることが指摘された。そこで、受遺者等による遺留分権利者承継債務に対する弁済等により「遺留分権利者が当該受遺者等に対して有する権利」が、当該受遺者等の請求により消滅した債務額の限度で減縮され、その場合において、受遺者等が遺留分権利者に対して取得した求償権が、消滅した当該債務の額の限度において消滅するという、本条3項の規律の内容に改められた経緯がある（部会資料16・19～23頁）。

(4)　本条4項は、「減殺」を前提とする改正前民法1037条について、その実質的な内容を維持しつつ、内容をより明確化した形式的な修正をしたものである。

(5)　本条5項は、本条1項の金銭債務の全部又は一部の支払につき、受遺者または受贈者の請求により、裁判所は「相当の期限」を許与することができるとするものである。遺留分減殺請求権の「物権的効果」を改め、遺留分侵害額請求権の行使により「金銭債権」が発生するものとされたことに伴って、新設されたものである。

　中間試案では、遺留分の侵害により、原則として金銭債権が発生するものとしつつ、受遺者または受贈者において、遺贈または贈与の目的財産による返還を求めることができる旨の制度が提案されていた（中間試案12～14頁）。しかし、パブリックコメントでは、金銭で支払えない場合には、結局のところ目的物が共有となる可能性があり、必ずしも改正前民法の問題点を

解決することにはならず、中間試案ではむしろ問題が大きくなるという反対意見が寄せられた（部会資料14・16頁）。パブリックコメントでは、現物返還の内容・方法について、裁判所の裁量にゆだねる案に賛成する意見が多かったが、その後、受遺者等による指定財産による給付を認める案（部会資料25-1・16頁）なども検討される中で、現物給付を認めることに伴う様々な問題点が明らかとなった（部会資料26-2・7頁以下）。

そこで、金銭債権化を徹底しつつ、直ちに金銭を準備することができない受遺者や受贈者の利益のために、借地借家法13条2項（建物買取請求権を行使された借地権設定者の請求による代金債務の期限の許与）や民法196条2項（有益費償還請求を受けた占有物の回復者の請求による有益費支払債務の期限の許与）などの例を参考にして（部会資料26-2・8頁）、本条5項が規定されるに至った。

支払期限を許与する判決を出す場合は、その支払期限の到来の翌日から支払済みまで法定利率の割合による金員の支払を命じることになる（第26回部会議事録11頁）。

〔前田陽一〕

59 遺留分侵害額請求権の期間の制限

> **第1048条**
> 遺留分侵害額の請求権は、遺留分権利者が、相続の開始及び遺留分を侵害する贈与又は遺贈があったことを知った時から1年間行使しないときは、時効によって消滅する。相続開始の時から10年を経過したときも、同様とする。

本条は、改正前民法1042条に対応する。

本条は、改正後の民法が、遺留分減殺請求権の「物権的効果」と「現物返還の原則」を改め、遺留分侵害額に相当する金銭債権のみが発生する旨の規

定を新設した(改正後の民法1046条1項)ことに伴う、文言上の形式的修正をしたものである。請求権の期間の制限については、改正前民法1042条の内容を実質的に維持している。

第1に、本条は、改正前民法1042条の「減殺の請求権」を「遺留分侵害額の請求権」に、同条の「減殺すべき贈与又は遺贈」を「遺留分を侵害する贈与又は遺贈」に、それぞれ文言の修正をしたものである。

第2に、改正前民法1042条が、形成権としての遺留分減殺請求権の期間制限に関する規定と解されている(最一小判昭57.3.4民集36巻3号241頁)ように、本条も、形成権としての遺留分侵害額請求権(追加試案補足説明60頁、部会資料26-1・15頁)について期間制限を規定したものである。

したがって、改正前民法1042条について、権利行使の効果として生じた法律関係の期間制限に関して、民法の一般原則が適用されていた(前掲最一小判昭57.3.4は、同条の「減殺の請求権」は「形成権である減殺請求権そのものを指し、右権利行使の効果として生じた法律関係に基づく目的物の返還請求権等をもこれに含ましめて同条所定の特別の消滅時効に服せしめることとしたものではない」とし、最二小判平7.6.9判時1539号68頁は、「遺留分権利者が減殺請求により取得した不動産の所有権又は共有持分権に基づく登記手続請求権は、時効によって消滅することはない」とする)ように、改正後の遺留分侵害額請求権の行使の効果として発生した金銭債権についても、民法の一般の債権と同様の消滅時効(民法166条1項)の規律に服することになる(部会資料23-4・60頁)。

〔前田陽一〕

60 遺留分の放棄

第1049条

1 相続の開始前における遺留分の放棄は、家庭裁判所の許可を受けたときに限り、その効力を生じる。

> 2 共同相続人の一人のした遺留分の放棄は、他の各共同相続人の遺留分に影響を及ぼさない。

　本条は、改正前民法1043条の文言を維持したまま、移設されたものである。

〔前田陽一〕

61 特別の寄与

> **第1050条**
> 1 被相続人に対して無償で療養看護その他の労務の提供をしたことにより被相続人の財産の維持又は増加について特別の寄与をした被相続人の親族（相続人、相続の放棄をした者及び第891条の規定に該当し又は廃除によってその相続権を失った者を除く。以下この条において「特別寄与者」という。）は、相続の開始後、相続人に対し、特別寄与者の寄与に応じた額の金銭（以下この条において「特別寄与料」という。）の支払を請求することができる。
> 2 前項の規定による特別寄与料の支払について、当事者間に協議が調わないとき、又は協議をすることができないときは、特別寄与者は、家庭裁判所に対して協議に代わる処分を請求することができる。ただし、特別寄与者が相続の開始及び相続人を知った時から6箇月を経過したとき、又は相続開始の時から1年を経過したときは、この限りでない。
> 3 前項本文の場合には、家庭裁判所は、寄与の時期、方法及び程度、相続財産の額その他一切の事情を考慮して、特別寄与料の額を定める。
> 4 特別寄与料の額は、被相続人が相続開始の時において有した財産の価額から遺贈の価額を控除した残額を超えることができない。

> 5　相続人が数人ある場合には、各相続人は、特別寄与料の額に第900条から第902条までの規定により算定した当該相続人の相続分を乗じた額を負担する。

(1)　本条1項により、相続人ではない者が、相続の開始後、相続人に対して、その寄与に応じた額の金銭（特別寄与料）の支払を求めることができる制度が新設された。この特別寄与料の請求については、現行の寄与分に関する規定（民法904条の2）にほぼ沿う形で、「被相続人に対して無償で療養看護その他の労務の提供をしたことにより被相続人の財産の維持又は増加について特別の寄与」をなしたことができることが要件であるとともに、請求権者（特別寄与者）は、「被相続人の親族」に限定されている。

　このような特別寄与料の制度が創設された背景には、現行法上、寄与分は、相続人にのみ認められるものであり、相続人以外の者（例えば相続人の配偶者）が遺産の形成または維持に多大な貢献をした場合であっても、その分配を受けることはできず、それは実質的な公平に反すると考えられてきたことがある（部会資料1・4頁）。こうした相続人ではない者の貢献については、裁判例では、その者の配偶者等の相続人の寄与分において、その貢献を反映させるという解決もとられてきたが（東京高決平元.12.28家月42巻8号45頁など）、この場合も、その貢献が反映されるのは、あくまで配偶者等の相続人の寄与分においてであって、その貢献を反映した利益が本人に帰属するわけではなかった。今回の特別寄与の制度の創設は、そうした貢献を行った本人自身に利益を帰属させるということを目的とするものである。

　なお、相続人ではない者が被相続人の財産の維持や増加に貢献したという場合、財産法上の請求権（契約上の報酬請求権、事務管理に基づく費用償還請求権、不当利得返還請求権等）によって解決をすることも考えられる。しかしながら、こうした財産法上の解決が困難である場合もあり、被相続人の死後の相続の場面において、相続人でない者の相続人に対する請求権と構成

して解決を志向することにも相応の合理性があるものとされた（部会資料19-1・7〜8頁）。

(2) こうした特別寄与料という制度の創設についてはパブリックコメントでも賛否が拮抗し、とくに、相続をめぐる紛争の長期化、複雑化の懸念が示されていた（部会資料19-1・2頁）。そのため、請求権者の範囲の限定、対象となる寄与行為の態様の限定が検討されたほか、権利行使の期間制限、権利行使手続についての規定を設けることが検討された（部会資料19-1・2〜5頁）。

(3) 特別寄与者とされるのは、前記(2)のとおり、「被相続人に対して無償で療養看護その他の労務の提供をしたことにより被相続人の財産の維持又は増加について特別の寄与をした被相続人の親族」に限定される。対象は親族に限定され、相続人、相続の放棄をした者および民法891条の規定に該当しまたは廃除によってその相続権を失った者は除外される。相続人は自らの寄与分においてその貢献については考慮されるし、相続人になりえたが自らの判断で相続人にならなかった者（相続放棄をした者）、相続人になれなかった者（欠格事由に該当する者及び廃除された者）については、この制度で救済する必要性は乏しいと考えられたためである（部会資料19-1・6頁）。

なお、現行の寄与分（民法904条の2第1項）と異なり、特別寄与者の貢献については「無償で」と明文で規定されているが、これは何らかの対価を受け取っている場合には、この制度の対象とする必要がないとされたためである。もっとも、この点は寄与行為の対価と評価できるものを受け取っているのかという観点から実質的に判断されるべきであろう（第19回部会議事録27頁）。

(4) 本条2項により特別寄与料の支払については、原則として、当事者間の協議によることが予定されているが、その協議が調わない場合または協議をすることができない場合には、特別寄与者は、家庭裁判所に特別寄与料に関する審判を求めることができる。申立てを受けた家庭裁判所は、寄与の時

期、方法および程度、相続財産の額その他一切の事情を考慮して、特別寄与料の額を定めるものとされる。特別寄与者であると主張する者の主張内容には様々なものがありうるため、事案の内容に応じて家庭裁判所に柔軟な裁量を認めることが、紛争全体の早期解決に資するとされた（部会資料19-1・5頁）。

(5)　家庭裁判所に対する特別寄与料に関する審判の申立てについては、特別寄与者が相続の開始および相続人を知った時から6カ月を経過したとき、または相続開始の時から1年を経過したときにはできないものとされる。これは、前記(2)のとおり、紛争の長期化を回避するための期間制限として設けられたものである。特別寄与者として保護されるべき貢献の認められる者であれば、通常、相続の開始（被相続人の死亡）の事実を知りうると考えられることから、このように短期間の制限を設けることが合理的であるとされた（部会資料19-1・3頁以下）。

(6)　本条4項により特別寄与料は、「被相続人が相続開始の時において有した財産の価額から遺贈の価額を控除した残額を超えることができない」とされ、現行の寄与分に関する民法904条の2第3項と同様の規定となっている。

(7)　本条5項により相続人が数人ある場合について、各相続人は、相続分に応じて、特別寄与料について負担するものとされている。現行の寄与分は、遺産の分割における具体的相続分として反映されるものであるが、特別寄与料は、相続人に対して支払を請求できる制度として設計されているため、共同相続人がどのようにそれを負担するかについての規定が必要とされたものである。

☞関連する家事事件手続法216条の2～216条の5の改正については**第2部①**を参照。

〔窪田充見〕

第2部

家事事件手続法

1 民法1050条（特別の寄与（第1部61））に関連する改正

（相続に関する審判事件の管轄権）
第3条の11
1 裁判所は、相続に関する審判事件（別表第1の86の項から110の項まで及び133の項並びに別表第2の11の項から15の項までの事項についての審判事件をいう。）について、相続開始の時における被相続人の住所が日本国内にあるとき、住所がない場合又は住所が知れない場合には相続開始の時における被相続人の居所が日本国内にあるとき、居所がない場合又は居所が知れない場合には被相続人が相続開始の前に日本国内に住所を有していたとき（日本国内に最後に住所を有していた後に外国に住所を有していたときを除く。）は、管轄権を有する。
2・3 （略）
4 当事者は、合意により、いずれの国の裁判所に遺産の分割に関する審判事件（別表第2の12の項から14の項までの事項についての審判事件をいう。第3条の14及び第191条第1項において同じ。）及び特別の寄与に関する処分の審判事件（同表の15の項の事項についての審判事件をいう。第3条の14及び第216条の2において同じ。）の申立てをすることができるかについて定めることができる。
5 （略）

（特別の事情による申立ての却下）
第3条の14
　裁判所は、第3条の2から前条までに規定する事件について日本の裁判所が管轄権を有することとなる場合（遺産の分割に関する審判事件又は特別の寄与に関する処分の審判事件について、日本の裁判所にのみ申立てをすることができる旨の合意に基づき申立てがされた場合を除く。）

においても、事案の性質、申立人以外の事件の関係人の負担の程度、証拠の所在地、未成年者である子の利益その他の事情を考慮して、日本の裁判所が審理及び裁判をすることが適正かつ迅速な審理の実現を妨げ、又は相手方がある事件について申立人と相手方との間の衡平を害することとなる特別の事情があると認めるときは、その申立ての全部又は一部を却下することができる。

(管轄)
第216条の2
　特別の寄与に関する処分の審判事件は、相続が開始した地を管轄する家庭裁判所の管轄に属する。

(給付命令)
第216条の3
　家庭裁判所は、特別の寄与に関する処分の審判において、当事者に対し、金銭の支払を命ずることができる。

(即時抗告)
第216条の4
　次の各号に掲げる審判に対しては、当該各号に定める者は、即時抗告をすることができる。
　一　特別の寄与に関する処分の審判　申立人及び相手方
　二　特別の寄与に関する処分の申立てを却下する審判　申立人

(特別の寄与に関する審判事件を本案とする保全処分)
第216条の5
　家庭裁判所（第105条第2項の場合にあっては、高等裁判所）は、特

別の寄与に関する処分についての審判又は調停の申立てがあった場合において、強制執行を保全し、又は申立人の急迫の危険を防止するため必要があるときは、当該申立てをした者の申立てにより、特別の寄与に関する処分の審判を本案とする仮差押え、仮処分その他の必要な保全処分を命ずることができる。

第233条

1　請求すべき按分割合に関する処分の審判事件（別表第２の16の項の事項についての審判事件をいう。）は、申立人又は相手方の住所地を管轄する家庭裁判所の管轄に属する。

2・3　（略）

第240条

1　（略）

2　扶養義務者の負担すべき費用額の確定の審判事件（別表第２の17の項の事項についての審判事件をいう。）は、扶養義務者（数人に対する申立てに係るものにあっては、そのうちの一人）の住所地を管轄する家庭裁判所の管轄に属する。

3～6　（略）

　民法において、相続人ではない者による特別の寄与に関する規定が新設されたことを受けて、別表第２の15に「特別の寄与に関する処分」が追加されるとともに、家事事件手続法の第18節の２に、「特別の寄与に関する審判事件」に関する規定が設けられた。改正後の家事事件手続法216条の２においては特別の寄与に関する処分の審判事件の管轄について、同法216条の３においては給付命令について、同法216条の４においては即時抗告ができる者について、同法216条の５においては特別の寄与に関する審判事件を本案と

② 民法909条の2（遺産の分割前における預貯金債権の行使（第1部⑧））に関連する改正

する保全処分について規定が新設された。

また、改正後の家事事件手続法3条の11（相続に関する審判事件の管轄権）、同法3条の14（特別の事情による申立ての却下）においても、特別の寄与に関する審判事件が追加された。

なお、改正後の家事事件手続法233条、240条は、特別寄与料について、別表に追加されたことにより、後ろのものの位置がずれただけである。その点では、特別寄与料の改正に伴う変更ではあるが、実質的な中身についての変更を伴うものではない。

〔窪田充見〕

② 民法909条の2（遺産の分割前における預貯金債権の行使（第1部⑧））に関連する改正

> **（遺産の分割の審判事件を本案とする保全処分）**
> **第200条**
> 1 　家庭裁判所（第105条第2項の場合にあっては、高等裁判所。次項及び第3項において同じ。）は、遺産の分割の審判又は調停の申立てがあった場合において、財産の管理のため必要があるときは、申立てにより又は職権で、担保を立てさせないで、遺産の分割の申立てについての審判が効力を生ずるまでの間、財産の管理者を選任し、又は事件の関係人に対し、財産の管理に関する事項を指示することができる。
> 2 　家庭裁判所は、遺産の分割の審判又は調停の申立てがあった場合において、強制執行を保全し、又は事件の関係人の急迫の危険を防止するため必要があるときは、当該申立てをした者又は相手方の申立てにより、遺産の分割の審判を本案とする仮差押え、仮処分その他の必要な保全処分を命ずることができる。
> 3 　前項に規定するもののほか、家庭裁判所は、遺産の分割の審判又は

> 調停の申立てがあった場合において、相続財産に属する債務の弁済、相続人の生活費の支弁その他の事情により遺産に属する預貯金債権（民法第466条の5第1項に規定する預貯金債権をいう。以下この項において同じ。）を当該申立てをした者又は相手方が行使する必要があると認めるときは、その申立てにより、遺産に属する特定の預貯金債権の全部又は一部をその者に仮に取得させることができる。ただし、他の共同相続人の利益を害するときは、この限りでない。
> 4　第125条第1項から第6項までの規定及び民法第27条から第29条まで（同法第27条第2項を除く。）の規定は、第1項の財産の管理者について準用する。この場合において、第125条第3項中「成年被後見人の財産」とあるのは、「遺産」と読み替えるものとする。

(1) 本条は、遺産分割の審判または調停の申立てがあった場合において、家庭裁判所が遺産についての必要な保全処分を命じることができる旨を定めるものである。本条の改正点は主として3項が新設された点にある。

　この改正は、遺産分割における可分債権の取扱いと関係したものである。すなわち、最大決平28.12.19（民集70巻8号2121頁）は、遺産に含まれる預貯金債権について、相続開始と同時に当然に相続分に応じて分割されることはなく、遺産分割の対象になると判示した。これにより、相続人全員の同意がある場合を除いて、原則として遺産分割前には預貯金債権を行使することはできなくなる。しかし、遺産分割前に現金を必要とする場合もあることから、今回の民法改正では、例外的に預貯金債権の行使を認める仮払い制度が創設されることとなった（上記大法廷決定が出される直前の、部会資料12・12～14頁における説明を参照）。

　この仮払い制度は、さらに、①当面の生計費や葬式費用など迅速な支払を必要とする場合に、一定額を限度として、裁判所の判断を経ずに預金の払戻しを認める方法と、②被相続人から扶養を受けていた相続人の生計費が必要

② 民法909条の2（遺産の分割前における預貯金債権の行使（第1部⑧））に関連する改正

な場合など、遺産分割終了までにある程度まとまった金銭が必要となる場合に、裁判所の判断を経た上で預金の払戻しを認める方法とに分かれる。本条の改正は、このうち後者の方法に関するものである（前者の方法に関する改正については、改正後の民法909条の2の解説**第1部⑧**を参照）。その改正内容は、本条2項が、改正以前から、分割前の遺産について仮分割を含む「必要な保全処分」の可能性を認めていたところ、その要件が厳格にすぎるため、預貯金債権について仮分割の要件を緩和する本条3項を新設したというものである（なお、遺産分割前に共同相続人の1人が単独で権利行使できるようにする必要性、および、その際に改正前家事事件手続法200条2項を活用する方向性については、上記大法廷決定における大谷剛彦裁判官、小貫芳信裁判官、山﨑敏充裁判官、小池裕裁判官、木澤克之裁判官の共同補足意見において既に触れられている）。

(2) 本条1項は、本条3項が新設されたことに伴い、改正前家事事件手続法200条1項においては「第105条第2項の場合にあっては、高等裁判所。次項において同じ」とされていた箇所を、「第105条第2項の場合にあっては、高等裁判所。次項及び第3項において同じ」へと変更するものである。

(3) 本条2項は、改正前家事事件手続法200条2項と同一である。

(4) 本条3項本文およびただし書は、預貯金債権について、それが相続の開始により当然に分割はされず遺産分割の対象となることを前提として、家庭裁判所が、権利行使の必要性があり、かつ、他の共同相続人の利益を害しないと判断した場合に、預貯金債権の仮分割による仮処分という方法に限り、本条2項の要件を緩和することとするものである（追加試案補足説明13頁）。預貯金債権の仮分割が認められるためには、以下の要件が満たされる必要がある。

まず、本条1項および2項と同様に、遺産分割の審判または調停の申立てがされている必要がある（本案係属要件）（なお、審判前の保全処分において家事事件手続法が本案係属要件を課しているのは、具体的権利義務が形成

される蓋然性が必要だからであるところ、遺産分割の場面では分割相続財産に係る権利義務関係は既に生じている。また、分割は協議によってされることもある。そのため、本案係属要件は不要であるとの考えもありうる。しかし、他の審判前の保全処分との調整が簡単ではないことや本案係属要件を課しても当事者の負担が過大ではないことから、この要件は維持された〔部会資料20・4頁、追加試案補足説明14頁〕）。

　次に、遺産分割の審判・調停の申立てをした者またはその相手方（共同相続人の１人または数人）に、遺産に属する預貯金債権を行使する必要性がなければならない。必要性の有無の判断は家庭裁判所の裁量にゆだねられるものの（追加試案補足説明13頁）、必要性が生じる典型的場面として、本条には、相続財産に属する債務の弁済と、相続人の生活費の支弁とが例示されている（なお部会では、支払の必要性が類型的に認められる場合として、これら以外にも、被相続人の葬式費用の弁済、相続税の支払、相続財産に係る共益費用の支払、遺言により各相続人が遺贈義務を負う場合におけるその履行に必要な支払、第三者の債務の担保として相続財産に担保設定がされている場合におけるその被担保債権に係る債務の弁済などが挙げられた〔部会資料20・2頁〕）。

　さらに、本条３項ただし書によれば、仮分割は他の共同相続人の利益を害しない限りで認められる。利益を害するか否かの判断は裁判官にゆだねられるが、原則としては、遺産の総額に申立人の法定相続分を乗じた額の範囲内（相手方から特別受益の主張がある場合には具体的相続分の範囲内）であれば、利益を害しないとして仮払いが認められる。もっとも、事後的な精算によって相続人間の公平を担保することができる場合に、その額を超えた仮払いが認められることや（例えば、被相続人の債務の弁済を行うために相続人の１人が法定相続分を超える額の仮払いを受け、その後の本案における遺産分割において調整を行う場合）、逆に、原則の範囲内での仮払いを認めるのが相当でない場合に、預貯金債権額に申立人の法定相続分を乗じた額の範囲

③ 民法1012条（遺言執行者の権利義務（第1部⑯））に関連する改正

内に限定されることも（例えば、預貯金債権のほかには市場流通性の低い財産しかなく、他の共同相続人も預貯金債権の取得を希望すると考えられる場合）、否定されているわけではない（部会資料20・4頁、追加試案補足説明13〜14頁）。

　最後に、本条3項の仮分割の仮処分は、本条2項の仮処分と同様に、遺産分割の調停・審判の申立てをした申立人または相手方の申立てによる。

(5)　本条3項による仮分割と本案における遺産分割（本分割）の関係は、民事事件における保全と本案訴訟の関係と同様に解することができる（最三小判昭54.4.17民集33巻3号366頁）。すなわち、原則として、仮分割により申立人に預貯金の一部が給付されたとしても、本分割においてはそれを考慮すべきではなく、あらためて仮分割をされた預貯金債権を含めて遺産分割の調停または審判をすることとなる。そうすると、仮分割によって特定の相続人が預貯金債権を取得して債務者から支払を受けた場合に、本分割において仮分割とは異なる判断が示されることが生じる。その場合にも、債務者の行った弁済が事後的に有効でなくなることはない（部会資料18・20頁、追加試案補足説明14〜16頁）。

(6)　本条4項は、改正前家事事件手続法200条3項と同一である。

〔村田大樹〕

③　民法1012条（遺言執行者の権利義務（第1部⑯））に関連する改正

> **（遺言執行者の解任の審判事件を本案とする保全処分）**
> **第215条**
> 1　家庭裁判所（第105条第2項の場合にあっては、高等裁判所。第3項及び第4項において同じ。）は、遺言執行者の解任の申立てがあった場合において、遺言の内容の実現のため必要があるときは、当該申立てをした者の申立てにより、遺言執行者の解任の申立てについての審判が効力を生ずるまでの間、遺言執行者の職務の執行を停止し、又

> はその職務代行者を選任することができる。
> 2～4　（略）

　本条1項は、遺言執行者の解任の申立てを受けた家庭裁判所が、遺言執行者の職務の執行停止または職務代行者の選任の保全処分を行うための要件について、改正前家事事件手続法215条1項が「相続人の利益のため必要があるときは」と定めていたものを、「遺言の内容の実現のため必要があるときは」と改めたものである。改正後の民法1012条1項が遺言執行者の職務が「遺言の内容を実現するため」のものであることを明示し、遺言執行者の地位を「相続人の代理人」と定めていた改正前民法1015条の規定が削除されたことを受けて改正が行われたものである。

〔吉永一行〕

4　民法1043条（遺留分を算定するための財産の価額（第1部54））に関連する改正

> **第216条**
> 1　次の各号に掲げる審判事件は、当該各号に定める地を管轄する家庭裁判所の管轄に属する。
> 　一　遺留分を算定するための財産の価額を定める場合における鑑定人の選任の審判事件（別表第1の109の項の事項についての審判事件をいう。）　相続が開始した地
> 　二　（略）
> 2　（略）

　本条1項1号は、改正前民法1029条（遺留分の算定）から改正後の民法1043条（遺留分を算定するための財産の価額）に用語の修正がされたことに伴って、その実質的な内容を維持しつつ、文言の形式的修正をしたものであ

4 民法1043条（遺留分を算定するための財産の価額（第1部54））に関連する改正

る。

〔前田陽一〕

第3部

経過措置（附則）

第3部　経過措置（附則）

1　施行期日

> **第1条**
>   この法律は、公布の日から起算して1年を超えない範囲内において政令で定める日から施行する。ただし、次の各号に掲げる規定は、当該各号に定める日から施行する。
>   一　附則第30条及び第31条の規定　公布の日
>   二　第1条中民法第968条、第970条第2項及び第982条の改正規定並びに附則第6条の規定　公布の日から起算して6月を経過した日
>   三　第1条中民法第998条、第1000条及び第1025条ただし書の改正規定並びに附則第7条及び第9条の規定　民法の一部を改正する法律（平成29年法律第44号）の施行の日
>   四　第2条並びに附則第10条、第13条、第14条、第17条、第18条及び第23条から第26条までの規定　公布の日から起算して2年を超えない範囲内において政令で定める日
>   五　第3条中家事事件手続法第3条の11及び第3条の14の改正規定並びに附則第11条第1項の規定　人事訴訟法等の一部を改正する法律（平成30年法律第20号）の施行の日又はこの法律の施行の日のいずれか遅い日

(1)　本条柱書は、改正後の民法の施行日を、公布された2018年7月13日から1年以内に政令で定める日と定めたものである。政令による施行日は2019年7月1日とされた。

　　ただし書は、施行日の例外を定めたものである。

(2)　本条1号は、未施行の民法（債権関係）改正法（平成29年法律第44号）のうち、相続関係に関する部分で今回の民法（相続関係）改正法と抵触する

部分を改める規定につき、公布日に直ちに効力を発生させることとしたものである。具体的には、①遺言執行者の権利義務について、遺贈の履行に関する排他的権限の規定が挿入されたことにより、委任の規定を準用する条文の位置を変更する改正規定、②遺言執行者の復任権の要件効果に関する規定が全面的に改められたことに伴い、復任者選任に関する遺言執行者の責任を定めた改正前民法1016条2項の削除規定を削除する規定、およびその経過措置を定めた規定が該当する。これにより、民法（債権関係）改正法の当該部分は未施行のまま改正されることとなった。

(3)　本条2号は、自筆証書遺言の方式の緩和に関する民法968条の改正部分につき、公布の日から6カ月後の2019年1月13日から施行することを定めたものである。改正後の民法の主眼の1つである遺言利用の促進の見地から、他の規定より先んじて施行される。なお、秘密証書遺言に関する民法970条2項、危急時遺言、伝染病隔離者遺言、在船者遺言、船舶遭難者遺言に関する民法982条は、遺言変更の方式について改正前民法968条2項を準用していたため、同項が改正後の民法968条3項に移動したことによる改正がこれと同時に施行されるが、これらには内容の変更はない。

(4)　本条3号は、不特定物の遺贈義務者の瑕疵担保責任に代えて遺贈義務者の引渡義務を定めた民法998条の改正規定、これに伴う他人物遺贈に関する改正前民法1000条の廃止規定、および民法95条の改正により錯誤の効力が無効から取消しに変更されたことによる民法1025条の改正規定が、民法（債権関係）改正法と同時（2020年4月1日）に施行されることを定めたものである。これらの規定は民法（債権関係）の改正に伴う調整規定であり、同法の施行日に合わせて施行される。

(5)　本条4号は、配偶者居住権および配偶者短期居住権（以下「配偶者居住権等」という）に関する改正規定、配偶者居住権等に関する経過措置を定めた附則10条、配偶者居住権等の新設に伴う整備規定による刑法等その他法令の改正規定が、公布の日から起算して2年を超えない範囲内において政令で

定める日から施行されることを定めたものである。配偶者居住権等に関する法規定には、民法（債権関係）改正法の使用貸借および賃貸借の規定が多数準用されており、同法の施行前に相続関係の改正規定が施行されることによる解釈上の混乱を避けたものである。この政令による施行日は、民法（債権関係）改正法の施行日と同じ2020年4月1日とされた。

(6) 本条5号は、家事事件手続法の改正規定中、国際裁判管轄に関する規定が、別途改正された人事訴訟法、家事事件手続法の施行日（2018年4月25日から1年6カ月以内の政令で定める日）と、改正後の民法の施行日のいずれか遅い日に施行されることを定めたものである。特別寄与料に関する国際裁判管轄規定は、特別寄与料に関する実体法規と国際裁判管轄規定一般の双方が施行された時に施行する趣旨であるが、国際裁判管轄規定の施行日が2019年4月1日とされたため、施行日は改正後の民法施行日の2019年7月1日に確定した。

〔増田勝久〕

2 民法の一部改正に伴う経過措置の原則

> **第2条**
> この法律の施行の日（以下「施行日」という。）前に開始した相続については、この附則に特別の定めがある場合を除き、なお従前の例による。

本条は、改正後の民法の施行日前に開始した相続については、原則として改正前民法が適用されることを定めたものである。

したがって、他の経過措置の定めがない限り、2019年6月30日以前に死亡した人の相続については、改正後の民法ではなく改正前民法が適用される。

〔増田勝久〕

3 共同相続における権利の承継の対抗要件に関する経過措置

> **第3条**
> 　第1条の規定による改正後の民法（以下「新民法」という。）第899条の2の規定は、施行日前に開始した相続に関し遺産の分割による債権の承継がされた場合において、施行日以後にその承継の通知がされるときにも、適用する。

　本条は、共同相続された債権の対抗要件について、法定相続分を超える権利の承継に関する対抗要件主義を定めた改正後の民法899条の2第1項の規定、および債権に関する対抗要件である通知に関し簡易な方法を定めた同条2項の規定が、施行日前に開始した相続につき遺産の分割による債権の承継がなされた場合について、施行日以後に対抗要件たる通知がなされる場合にも適用することを定めた規定である。

　これにより、相続開始時ないし遺産分割時にかかわらず、対抗要件を取得するための通知が2019年7月1日以後に行われる場合には、改正後の民法が定める簡易な通知方法で足りる。なお、いわゆる「相続させる」遺言をした被相続人が、2019年6月30日以前に死亡した場合には、改正前民法が適用され、対抗要件が不要であるから、本条の適用はない。また、遺贈については、そもそも改正後の民法899条の2の適用がない。

〔増田勝久〕

4 夫婦間における居住用不動産の遺贈または贈与に関する経過措置

> **第4条**
> 　新民法903条第4項の規定は、施行日前にされた遺贈又は贈与については、適用しない。

本条は、婚姻期間20年以上の夫婦による居住不動産の遺贈等に関する持戻し免除の推定規定である改正後の民法903条4項が、施行日前になされた遺贈または贈与については適用がないことを定めた規定である。

すなわち、かかる持戻し免除の推定は、遺贈または贈与が2019年7月1日以後になされた場合についてのみ適用される。したがって、2019年6月30日以前の遺言または贈与について、遺言者または贈与者が持戻し免除を希望する場合には、従前通り、その意思表示をしておく必要がある。

〔増田勝久〕

5 遺産の分割前における預貯金債権の行使に関する経過措置

> **第5条**
> 1　新民法第909条の2の規定は、施行日前に開始した相続に関し、施行日以後に預貯金債権が行使されるときにも、適用する。
> 2　施行日から附則第1条第3号に定める日の前日までの間における新民法第909条の2の規定の適用については、同条中「預貯金債権のうち」とあるのは、「預貯金債権（預金口座又は貯金口座に係る預金又は貯金に係る債権をいう。以下同じ。）のうち」とする。

(1)　本条1項は、遺産分割前の預貯金債権の払戻しを定めた改正後の民法909条の2の規定が、施行日前に開始した相続に関し、施行日以後に預貯金債権が行使されるときにも適用されることを定めた規定である。

改正後の民法909条の2は、最大決平28.12.19（民集70巻8号2121頁）および最一小判平29.4.6（金法2071号88頁）により共同相続した預貯金債権につき単独での払戻請求ができなくなったことに対応した規定であるから、既に相続が開始していた場合にも適用されることとしたものである。したがって、相続開始日がいつであっても、2019年7月1日以後は、改正後の民法909条の2による預貯金債権の払戻しが可能となる。

(2) 本条2項は、民法（債権関係）改正法が施行される2020年4月1日までは預貯金債権の定義規定がないため、ここで定義したものである。

〔増田勝久〕

6 自筆証書遺言の方式に関する経過措置

> **第6条**
> 　附則第1条第2号に掲げる施行の日前にされた自筆証書遺言については、新民法第968条第2項及び第3項の規定にかかわらず、なお従前の例による。

本条は、2019年1月12日以前に作成された自筆証書遺言については、目録に関する方式緩和規定が適用されないことを定めた規定である。

〔増田勝久〕

7 遺贈義務者の引渡義務等に関する経過措置

> **第7条**
> 1　附則第1条第3号に掲げる規定の施行の日（以下「第3号施行日」という。）前にされた遺贈に係る遺贈義務者の引渡義務については、新民法998条の規定にかかわらず、なお従前の例による。
> 2　第1条の規定による改正前の民法第1000条の規定は、第3号施行日前にされた第三者の権利の目的である財産の遺贈については、なおその効力を有する。

本条は、不特定物の遺贈義務者の瑕疵担保責任に代えて遺贈義務者の引渡義務を定めた改正後の民法998条の規定、およびこれに伴う他人物遺贈に関する改正前民法1000条の廃止規定の施行日である2020年4月1日以前になされた遺贈については改正前民法が適用されることを定めた規定である。

遺贈の効果は遺言がなされた時点の遺言者の効果意思に従って発生するから、2020年6月30日より前になされた遺贈については、遺贈義務者は改正前民法998条による追奪担保責任および物の瑕疵担保責任を負うこととなる。

〔増田勝久〕

8 遺言執行者の権利義務等に関する経過措置

> **第8条**
> 1　新民法第1007条第2項及び第1012条の規定は、施行日前に開始した相続に関し、施行日以後に遺言執行者となる者にも、適用する。
> 2　新民法第1014条第2項から第4項までの規定は、施行日前にされた特定の財産に関する遺言に係る遺言執行者によるその執行については、適用しない。
> 3　施行日前にされた遺言に係る遺言執行者の復任権については、新民法第1016条の規定にかかわらず、なお従前の例による。

(1)　本条1項は、遺言執行者の相続人に対する遺言内容通知義務を定めた改正後の民法1007条2項、遺言執行者の一般的権限を定めた同法1012条1項、遺贈の履行についての排他的権限を定めた同条2項が、2019年6月30日以前に開始した相続に関し同年7月1日以降に遺言執行者に就任した者にも適用があることを定めた規定である。

(2)　本条2項は、特定財産承継遺言に関する遺言執行者の権限を定めた改正後の民法1014条2項から4項までの規定が、2019年6月30日までになされた遺言の執行には適用がないことを定めた規定である。

改正後の民法1014条2項から4項までの規定は、いわゆる「相続させる」遺言の効力についての改正を踏まえ、遺言者の効果意思を補充する趣旨の規定であるところ、遺言の効果は遺言がなされた時点の遺言者の効果意思に従って発生することにかんがみ、施行日前の遺言については改正後の民法の

適用がないとしたものである。

(3) 本条3項は、2019年6月30日までになされた遺言により就任した遺言執行者の復任権については、遺言者の効果意思に従い改正前民法が適用されることを、定めた規定である。

〔増田勝久〕

9 撤回された遺言の効力に関する経過措置

> **第9条**
> 　第3号施行日前に撤回された遺言の効力については、新民法第1025条ただし書の規定にかかわらず、なお従前の例による。

　民法（債権関係）改正法により錯誤の効果が無効から取り消すべき行為に変更されたことに伴う改正であることから、民法（債権関係）改正法の施行と平仄を合わせたものである。

〔増田勝久〕

10 配偶者の居住の権利に関する経過措置

> **第10条**
> 1　第2条の規定による改正後の民法（次項において「第4号新民法」という。）第1028条から第1041条までの規定は、次項に定めるものを除き、附則第1条第4号に掲げる規定の施行の日（以下この条において「第4号施行日」という。）以後に開始した相続について適用し、第4号施行日前に開始した相続については、なお従前の例による。
> 2　第4号新民法第1028条から第1036条までの規定は、第4号施行日前にされた遺贈については、適用しない。

(1) 本条1項は、配偶者居住権等の規定がこれに関する規定の施行の日以後

に開始した相続について適用されることを定めた規定である。したがって、2020年3月31日以前に開始した相続については、配偶者居住権等は成立しない。しかしながら、配偶者が居住建物に遺産共有持分を有する場合の配偶者短期居住権については、利用権限に関する最一小判昭41．5．19（民集20巻5号947頁）、無償性に関する最三小判平8．12.17（民集50巻10号2778頁）により、施行の前後で実質的な変化はないと考えられる。

(2)　本条2項は、2020年3月31日以前の遺贈による配偶者居住権の設定は、改正後の民法の内容に沿った権利を設定する効果意思を欠くことから、これを認めないこととしたものである。

〔増田勝久〕

11　家事事件手続法の一部改正に伴う経過措置

> **第11条**
> 1　第3条の規定による改正後の家事事件手続法（以下「新家事事件手続法」という。）第3条の11第4項の規定は、附則第1条第5号に掲げる規定の施行の日前にした特定の国の裁判所に特別の寄与に関する処分の審判事件（新家事事件手続法別表第2の15の項の事項についての審判事件をいう。）の申立てをすることができる旨の合意については、適用しない。
> 2　施行日から第3号施行日の前日までの間における新家事事件手続法第200条第3項の規定の適用については、同項中「民法第466条の5第1項に規定する預貯金債権」とあるのは、「預金口座又は貯金口座に係る預金又は貯金に係る債権」とする。

(1)　本条1項は、改正後の家事事件手続法の施行日前にした管轄合意につき同法の国際的合意管轄規定（同法3条の11第4項）を適用しないとした同法附則3条2項の趣旨を、特別寄与料に関する合意管轄にも及ぼしたものであ

るとともに、特別寄与料の実体規定を欠く時点での管轄合意の効力を否定したものである。したがって、2019年6月30日以前の管轄合意は、当然には効力を認められない。ただし、その合意内容が特別の寄与に関する処分の審判事件に関するものと性質決定され、かつ改正後の家事事件手続法の定める合意管轄の要件に適合する場合には、条理により、日本の裁判所の管轄が認められることは考えられる。

(2)　本条2項は、民法（債権関係）改正法が施行される2020年4月1日までは預貯金債権の定義規定がないため設けられた規定である。

〔増田勝久〕

第4部

法務局における遺言書の保管等に関する法律

第4部　法務局における遺言書の保管等に関する法律

前注—本法の趣旨

　自筆証書遺言は、遺言者自身が作成して保管することになるため、遺言証書原本が公証役場で厳重に保管される公正証書遺言とは異なり、以下のような問題が生じることがこれまで指摘されてきた。すなわち、作成後に遺言書が紛失したり、相続人によって隠匿または変造されるおそれがある。相続人は、民法915条1項が定める熟慮期間中に相続を放棄するか承認するかを決めなければいけないが、遺言の有無および内容を確認できなければそもそもその判断も適切にできない。相続人が遺言書の存在を把握できないまま遺産分割が終了したり、その協議が進行してその後発見されればそれまでの協議が無駄となるおそれがある。さらに、複数の遺言書が発見された場合や一部の相続人が遺言書の偽造または変造を主張した場合には、遺言書の作成の真正等をめぐって深刻な紛争が生じることになる。そこで、2018年民法改正に至る議論の中で、自筆証書遺言を確実に保管し、相続人がその存在を把握することのできる仕組みとして、自筆証書遺言の保管に関する制度が検討され（部会資料6・14〜15頁）、自筆証書遺言に関する規定の改正とあわせて、同制度に関する本法が整備された。

　自筆証書遺言の保管制度を設けることにより、公的機関において遺言が確実に保管されることになるため、作成後の紛失や偽造または変造を防止することができ、また相続人が被相続人の遺言の存在を容易に把握することが可能になる。遺言書の保管を行う公的機関において、その手続の際に本人確認を行うこととすれば、そのことが遺言の真正な成立を基礎付ける間接事実となり、遺言の有効性をめぐる紛争の抑止にもつながることが期待されている（部会資料6・15頁）。

〔冷水登紀代〕

1 趣　旨

> **第1条**
> この法律は、法務局（法務局の支局及び出張所、法務局の支局の出張所並びに地方法務局及びその支局並びにこれらの出張所を含む。次条第1項において同じ。）における遺言書（民法（明治29年法律第89号）第968条の自筆証書によってした遺言に係る遺言書をいう。以下同じ。）の保管及び情報の管理に関し必要な事項を定めるとともに、その遺言書の取扱いに関し特別の定めをするものとする。

(1)　本条は、本法が法務局（法務局の支局および出張所、法務局の支局の出張所ならびに地方法務局およびその支局ならびにこれらの出張所を含む）において民法968条が定める方式の遺言書を保管し、かつその情報の管理に必要な事項を定める旨、また本法で管理の対象となる遺言書の取扱いに関して特別な定めをする旨を規定する。

(2)　本法に基づく遺言書保管の対象となる遺言は、民法968条が定める方式の遺言（自筆証書遺言）が対象となる。外国法で定める方式の遺言は、当初本法の対象とはされていなかったが、遺言書保管所（本法2条）において民法968条に定められた方式の遺言に当たるかを確認することができればよく、その他の適法性・有効性までを確認すべき義務がないため、申請書によって、同条に基づく遺言書であることが確認でき、かつ遺言者および通知すべき相続人等を把握することができる場合には、本法の対象となる。また外国人により民法968条に定める方式に従い作成された遺言も、本法の対象となる（部会資料23-2・12頁）。

〔冷水登紀代〕

2　遺言書保管所

> **第2条**
> 1　遺言書の保管に関する事務は、法務大臣の指定する法務局が、遺言書保管所としてつかさどる。
> 2　前項の指定は、告示してしなければならない。

　本条1項は、法務大臣が指定する法務局が、遺言書保管に関する事務を行う遺言書保管所であることを定める。指定された法務局については、告示により周知される（本条2項）。

　法務局が遺言書保管所として選定されたのは、遺言書保管に関する業務を担える人的物的体制を有する公的機関で、利便性を考慮に入れ全国に存在する機関であることが望ましいとの観点からである。当初、市区町村役場、公証役場も候補として挙がっていたが、中間試案に対するパブリックコメントでは、遺言者のプライバシー保護の確保ができる法務局が相当であるとの意見が多かったこと、遺言書というきわめて重要な個人情報を含む文書を保管する機関には高度の信頼性が要求され、保管事務を行う国家機関として法務局が適切であると説明されている（部会資料17・15頁）。

　なお、自筆証書遺言は法務局が保管することになったため、遺言書を保管する公的機関は、公正証書遺言を保管する公証役場と二本立てになっている。公証人が関与して作成される公正証書遺言と遺言者が自ら作成する自筆証書遺言の保管機関が異なるため、それぞれの遺言の性質や費用面の違いも含め周知する必要性が指摘されている（第17回部会議事録35頁）。自筆証書遺言の保管にかかる手数料については、本法12条に規定されている。

〔冷水登紀代〕

3　遺言書保管官

> **第3条**
> 　遺言書保管所における事務は、遺言書保管官（遺言書保管所に勤務する法務事務官のうちから、法務局又は地方法務局の長が指定する者をいう。以下同じ。）が取り扱う。

　本条は、遺言書保管所における事務を取り扱う者は、「遺言書保管官」であることを定める。括弧書により、遺言書保管官は、法務事務官のうちから法務局また地方法務局の長が指定した者と説明されている。

〔冷水登紀代〕

4　遺言書の保管の申請

> **第4条**
> 1　遺言者は、遺言書保管官に対し、遺言書の保管の申請をすることができる。
> 2　前項の遺言書は、法務省令で定める様式に従って作成した無封のものでなければならない。
> 3　第1項の申請は、遺言者の住所地若しくは本籍地又は遺言者が所有する不動産の所在地を管轄する遺言書保管所（遺言者の作成した他の遺言書が現に遺言書保管所に保管されている場合にあっては、当該他の遺言書が保管されている遺言書保管所）の遺言書保管官に対してしなければならない。
> 4　第1項の申請をしようとする遺言者は、法務省令で定めるところにより、遺言書に添えて、次に掲げる事項を記載した申請書を遺言書保管官に提出しなければならない。
> 　一　遺言書に記載されている作成の年月日

二　遺言者の氏名、出生の年月日、住所及び本籍（外国人にあっては、国籍）
　　三　遺言書に次に掲げる者の記載があるときは、その氏名又は名称及び住所
　　　イ　受遺者
　　　ロ　民法第1006条第1項の規定により指定された遺言執行者
　　四　前三号に掲げるもののほか、法務省令で定める事項
　5　前項の申請書には、同項第2号に掲げる事項を証明する書類その他法務省令で定める書類を添付しなければならない。
　6　遺言者が第1項の申請をするときは、遺言書保管所に自ら出頭して行わなければならない。

(1)　本条1項は、遺言書保管の申請資格があるのは、遺言者本人に限る旨を規定する。当初は遺言者が入院している状況などを考慮し、遺言者以外の者による保管の申請なども検討されていたが（部会資料6・16頁）、遺言者以外の者による偽造および変造をできる限り防止するためには、保管手続の申請資格は遺言者本人に限定する必要性があるとの意見を考慮してのことである（中間試案補足説明・45頁）。なお、民法上、遺言能力は15歳以上の者に認められており、制限行為能力者であっても単独ですることができる（民法961条、962条）が、未成年者であっても遺言能力が認められる場合には単独で遺言者本人が遺言書保管の申請をすることができる（部会資料17・15頁）。

(2)　自筆証書遺言の保管申請する場合、遺言書は、法務省令で定められた様式に従い、無封のものでなければならない（本条2項）。本人が出頭の上（本条6項）遺言書の保管を申請することになるが、その際には、遺言書保管官が当該遺言の方式の適合性を外形的に確認し、当該遺言書を画像情報化して保存することになる。この情報は、全国の法務局からアクセスできるシステムに保存されることになる（部会資料26-1・11〜12頁（注1））。なお

遺言書原本も施設内にて保管される（本法6条1項）。

　中間試案の段階では、封印された遺言書の保管申請の場合には、遺言書保管官は方式の適合性の確認および画像データ作成のために遺言書の開封がされることが想定されていたが（部会資料17・14頁（注）では、画像データ作成のため、遺言者本人の了解を得てこれを開封することを想定しているとの説明がある）、本条は、申請の段階で封印していないことを要件としているため、仮に封印された状態で持参したとしても封筒は保管等の対象とはならない。

(3)　遺言書の保管の申請は、遺言者の住所地もしくは本籍地または遺言者が所有する不動産の所在地を管轄する遺言書保管所（遺言者の作成した他の遺言書が現に遺言書保管所に保管されている場合にあっては、当該他の遺言書が保管されている遺言書保管所）の遺言書保管官に対して行う（本条3項）。

(4)　本条4項は、遺言書に添える申請書の記載事項について定める。

(5)　本条5項は、申請者が本人であること確認するための事項を証明する書類（本条4項2号）とその他法務省令で定める書類の提出を求める旨の規定である。

(6)　本条6項は、遺言者が遺言書保管を申請する場合に自ら出頭しなければならない旨を規定する（本人出頭主義）。本人による出頭を前提として、本人確認が行われる（本法5条）。

　したがって、郵送による申請も認められない。

〔冷水登紀代〕

5　遺言書保管官による本人確認

> **第5条**
> 　遺言書保管官は、前条第1項の申請があった場合において、申請人に対し、法務省令で定めるところにより、当該申請人が本人であるかどうかの確認をするため、当該申請人を特定するために必要な氏名その他の

> 法務省令で定める事項を示す書類の提示若しくは提出又はこれらの事項についての説明を求めるものとする。

　遺言書の保管の申請は、本人が出頭の上しなければならない（本法4条1項・6項）。本条は、4条1項に基づく遺言書保管の申請があったことを受け、本条は、遺言書保管機関において、本人確認が行われることを規定する（部会資料17・15頁）。本人確認のために、申請者は、当該申請人を特定するために必要な氏名、その他の法務省令で定める事項を示す書類（本法4条4項2号・4号）の提示もしくは提出またはこれらの事項についての説明することが求められる。

　遺言書保管所が、申請の手続にあたり本人確認を行うことで、遺言の真正な成立を基礎付ける間接事実となり、遺言の有効性を争う防止にもつながることが期待されている（部会資料6・15）。

〔冷水登紀代〕

6 遺言書の保管等

> **第6条**
> 1　遺言書の保管は、遺言書保管官が遺言書保管所の施設内において行う。
> 2　遺言者は、その申請に係る遺言書が保管されている遺言書保管所（第4項及び第8条において「特定遺言書保管所」という。）の遺言書保管官に対し、いつでも当該遺言書の閲覧を請求することができる。
> 3　前項の請求をしようとする遺言者は、法務省令で定めるところにより、その旨を記載した請求書に法務省令で定める書類を添付して、遺言書保管官に提出しなければならない。
> 4　遺言者が第2項の請求をするときは、特定遺言書保管所に自ら出頭して行わなければならない。この場合においては、前条の規定を準用

する。

5　遺言書保管官は、第1項の規定による遺言書の保管をする場合において、遺言者の死亡の日（遺言者の生死が明らかでない場合にあっては、これに相当する日として政令で定める日）から相続に関する紛争を防止する必要があると認められる期間として政令で定める期間が経過した後は、これを廃棄することができる。

(1)　本条1項は、遺言書の保管は、遺言書保管官が遺言書保管所の施設内で行うことを定める。

　遺言書保管制度には、遺言に関する紛争を防止する目的もある。本条5項は、遺言者の死亡後（遺言者の生死が明らかでない場合は、政令で定める日）から相続に関する紛争を防止する必要があると認められる期間が経過した後に、遺言書保管者がその遺言書を廃棄することができる旨を定める。相続人が遺言書原本の返還を求めることができるとすると、複数の相続人による返還請求が競合した場合に対応できなくなるということが立案担当者から説明されており（第17回部会議事録32頁）、相続人は、法務局に保管されている遺言書の内容と同一性を証明した書面（写し）を受け取ることになる（本法9条）（部会資料23-2・12頁）。なお、遺言書のデータは、本条5項の期間経過後に消去されることになる（本法7条3項）。

(2)　遺言者本人には、自ら作成した遺言内容を確認する機会が与えられることが必要である。そこで本条2項は、遺言者は、遺言書保管を申請した遺言書保管所（特定遺言書保管所）の遺言書保管官に対して、遺言書原本の閲覧をいつでも請求することができる旨を定める。本条の遺言書原本の閲覧請求は、相続開始前は、プライバシー保護の観点から遺言者本人に限り認められている。遺言者が遺言書の閲覧請求する場合には、自ら特定遺言書保管所に出頭し（本条4項）、その旨を記載した請求書に必要書類を添付して、遺言書保管者に請求をすることになる（本条3項）。

なお、遺言者が保管した遺言書に係る画像情報等を証明した書面（遺言書データの写し）を求めた場合その交付が認められるかも検討されていた。しかし、遺言者が生存中に当該遺言書が返還され新たな遺言書が保管される可能性もあり、遺言書をめぐり将来の紛争を誘発する可能性があることや、遺言者に閲覧と返還を認めればその保護としては十分であるとの理由から、遺言者に対して遺言書データの写しの交付は認められないことになった（部会資料24-2・22～23頁）。

〔冷水登紀代〕

7 遺言書に係る情報の管理

> **第7条**
> 1 遺言書保管官は、前条第1項の規定により保管する遺言書について、次項に定めるところにより、当該遺言書に係る情報の管理をしなければならない。
> 2 遺言書に係る情報の管理は、磁気ディスク（これに準ずる方法により一定の事項を確実に記録することができる物を含む。）をもって調製する遺言書保管ファイルに、次に掲げる事項を記録することによって行う。
> 　一　遺言書の画像情報
> 　二　第4条第4項第1号から第3号までに掲げる事項
> 　三　遺言書の保管を開始した年月日
> 　四　遺言書が保管されている遺言書保管所の名称及び保管番号
> 3 前条第5項の規定は、前項の規定による遺言書に係る情報の管理について準用する。この場合において、同条第5項中「廃棄する」とあるのは、「消去する」と読み替えるものとする。

(1) 遺言書保管の申請がされれば、遺言書保管官は、遺言書の保管とともに

(本法6条1項)、本条に従い当該遺言書を画像データ化して保存することになる。これに先立ち当該遺言書の方式の適合性を外形的に確認する必要がある(部会資料26-1・11～12頁(注1)参照)が、遺言書保管官は当該遺言の方式の適合性を外形的に確認するのにとどまり、遺言書の有効性の最終的な判断は裁判により確定される。したがって、遺言書保管官が確認する事項は、民法968条に定められたもののうち、①日付および氏名の自署、ならびに②押印、③加除訂正がある場合にはその方式など、確認することが比較的容易であるものに限られると考えられている(部会資料17・16頁)。

(2) 本条2項1号に従い遺言書が画像データ化されるのは、大規模災害等による遺言書原本の紛失のおそれを考慮してのことである。万一焼失した場合には、画像データを利用して遺言書の正本を作成することができるからである(部会資料17・17頁)。

(3) 本条3項は、本条により保存されたデータは、遺言者死亡後、本法6条5項の期間が経過した後に削除される旨を規定する。

〔冷水登紀代〕

8 遺言書の保管の申請の撤回

> **第8条**
> 1 遺言者は、特定遺言書保管所の遺言書保管官に対し、いつでも、第4条第1項の申請を撤回することができる。
> 2 前項の撤回をしようとする遺言者は、法務省令で定めるところにより、その旨を記載した撤回書に法務省令で定める書類を添付して、遺言書保管官に提出しなければならない。
> 3 遺言者が第1項の撤回をするときは、特定遺言書保管所に自ら出頭して行わなければならない。この場合においては、第5条の規定を準用する。
> 4 遺言書保管官は、遺言者が第1項の撤回をしたときは、遅滞なく、

> 当該遺言者に第6条第1項の規定により保管している遺言書を返還するとともに、前条第2項の規定により管理している当該遺言書に係る情報を消去しなければならない。

　本条は、遺言書の保管の申請の撤回に関する規定である。

　遺言者は、いつでも遺言の方式に従い、その遺言の全部または一部を撤回することができる（民法1022条）。遺言者の最終意思の尊重のためである。特定遺言書保管所にある遺言についても同様である。本条1項は、遺言者は、いつでも保管中の遺言書について、その保管の申請の撤回を認められる。ただし、あくまで保管申請の撤回であり、本条4項により返還された遺言書が撤回されたといえるためには、民法1022条以下の規定に従うことになると考えられる。

　遺言者が、本条1項の撤回をするためには、自ら特定遺言書保管所に出頭し（本条3項）、撤回書に所定の書類を添付して、提出しなければならない（本条2項）。

　遺言者により本条1項の撤回がされた場合には、遺言書保管者は遅滞なく保管されていた遺言書原本を返還しなければならず、また本法7条2項により保存されていた当該遺言書の画像データ等を消去しなければならない（本条4項）。

〔冷水登紀代〕

9 遺言書情報証明書の交付等

> **第9条**
> 1　次に掲げる者（以下この条において「関係相続人等」という。）は、遺言書保管官に対し、遺言書保管所に保管されている遺言書（その遺言者が死亡している場合に限る。）について、遺言書保管ファイルに記録されている事項を証明した書面（第5項及び第12条第1項第

3号において「遺言書情報証明書」という。）の交付を請求することができる。
一　当該遺言書の保管を申請した遺言者の相続人（民法第891条の規定に該当し又は廃除によってその相続権を失った者及び相続の放棄をした者を含む。以下この条において同じ。）
二　前号に掲げる者のほか、当該遺言書に記載された次に掲げる者又はその相続人（ロに規定する母の相続人の場合にあっては、ロに規定する胎内に在る子に限る。）
　イ　第4条第4項第3号イに掲げる者
　ロ　民法第781条第2項の規定により認知するものとされた子（胎内に在る子にあっては、その母）
　ハ　民法第893条の規定により廃除する意思を表示された推定相続人（同法第892条に規定する推定相続人をいう。以下このハにおいて同じ。）又は同法第894条第2項において準用する同法第893条の規定により廃除を取り消す意思を表示された推定相続人
　ニ　民法第897条第1項ただし書の規定により指定された祖先の祭祀を主宰すべき者
　ホ　国家公務員災害補償法（昭和26年法律第191号）第17条の5第3項の規定により遺族補償一時金を受けることができる遺族のうち特に指定された者又は地方公務員災害補償法（昭和42年法律第121号）第37条第3項の規定により遺族補償一時金を受けることができる遺族のうち特に指定された者
　ヘ　信託法（平成18年法律第108号）第3条第2号に掲げる方法によって信託がされた場合においてその受益者となるべき者として指定された者若しくは残余財産の帰属すべき者となるべき者として指定された者又は同法第89条第2項の規定による受益者指定権等の行使により受益者となるべき者

ト　保険法（平成20年法律第56号）第44条第1項又は第73条第1項の規定による保険金受取人の変更により保険金受取人となるべき者
　　　チ　イからトまでに掲げる者のほか、これらに類するものとして政令で定める者
　　三　前二号に掲げる者のほか、当該遺言書に記載された次に掲げる者
　　　イ　第4条第4項第3号ロに掲げる者
　　　ロ　民法第830条第1項の財産について指定された管理者
　　　ハ　民法第839条第1項の規定により指定された未成年後見人又は同法第848条の規定により指定された未成年後見監督人
　　　ニ　民法第902条第1項の規定により共同相続人の相続分を定めることを委託された第三者、同法第908条の規定により遺産の分割の方法を定めることを委託された第三者又は同法第1006条第1項の規定により遺言執行者の指定を委託された第三者
　　　ホ　著作権法（昭和45年法律第48号）第75条第2項の規定により同条第1項の登録について指定を受けた者又は同法第116条第3項の規定により同条第1項の請求について指定を受けた者
　　　ヘ　信託法第3条第2号に掲げる方法によって信託がされた場合においてその受託者となるべき者、信託管理人となるべき者、信託監督人となるべき者又は受益者代理人となるべき者として指定された者
　　　ト　イからヘまでに掲げる者のほか、これらに類するものとして政令で定める者
2　前項の請求は、自己が関係相続人等に該当する遺言書（以下この条及び次条第1項において「関係遺言書」という。）を現に保管する遺言書保管所以外の遺言書保管所の遺言書保管官に対してもすることができる。

9 遺言書情報証明書の交付等

> 3 関係相続人等は、関係遺言書を保管する遺言書保管所の遺言書保管官に対し、当該関係遺言書の閲覧を請求することができる。
> 4 第1項又は前項の請求をしようとする者は、法務省令で定めるところにより、その旨を記載した請求書に法務省令で定める書類を添付して、遺言書保管官に提出しなければならない。
> 5 遺言書保管官は、第1項の請求により遺言書情報証明書を交付し又は第3項の請求により関係遺言書の閲覧をさせたときは、法務省令で定めるところにより、速やかに、当該関係遺言書を保管している旨を遺言者の相続人並びに当該関係遺言書に係る第4条第4項第3号イ及びロに掲げる者に通知するものとする。ただし、それらの者が既にこれを知っているときは、この限りでない。

(1) 遺言を他者に知らせるかどうかは遺言者の意思にゆだねられるべきことで、遺言者のプライバシーは保護される必要がある。遺言の効力は相続開始後に生じ（民法985条1項）、遺言者は死亡するまで遺言の撤回できる（民法1022条）。また、本制度を利用して保管していた遺言書以外にも新たに遺言書が存在することも考えられる。そこで、本制度の審議過程では保管手続開始後の遺言書の撤回には、新たな遺言書を作成して遺言保管所に保管するかあるいは公正証書遺言の作成により撤回することを求める案も検討されたが、遺言者の最終意思の尊重という遺言制度の趣旨との関係から、この案は見送られた（部会資料9・14頁）。しかし、遺言者が死亡した場合、保管された遺言書の内容を実現するためには、相続人等が被相続人が自筆証書遺言を遺言書保管所に保管しているかどうかを確認し（遺言書保管事実の有無）、遺言書が保管されている場合にはその内容を知ることが必要である。また、相続人にとっても相続の承認・放棄の決定や遺産分割の決定に遺言が影響を与えうる。そこで、遺言書保管事実の有無のみの確認等に関する規定は本法10条に規定され、本条には遺言書保管所に保管されている遺言書情

へのアクセス（遺言書情報の閲覧と遺言書証明書の交付）に関する規定がされている。

　なお、遺言者の最終意思の尊重の観点から、遺言者が死亡するまでは、自由に遺言を作成することができる。そのため、遺言者が死亡するまでは遺言者以外の者に遺言の存否を把握させる必要性はない。そこで、本条に基づく遺言書保管事実の存否の照会等は、遺言者が死亡した場合に限り認められることになった（本条1項括弧書に明記。部会資料17・18頁）。

(2)　本条1項は、「関係相続人等」が、遺言書保管官に対して、遺言書保管ファイルに記録されている事項を証明した書面（本条5項および本法12条1項3号において「遺言書情報証明書」という。）の交付を求めることができる旨を規定する。遺言書情報証明書の交付を求める者は、その旨を記載した請求書に所定の書類を添付して、遺言書保管者に対して提出しなければならない（本条4項）。

　「関係相続人」とは、遺言者の相続人（本条1項1号。本号には相続欠格者、廃除された者および相続放棄者等相続資格のない者も含まれる）と本条1項2号に規定された受遺者、認知された子（民法781条2項。胎内に在る子の場合はその母）、信託法が定める方法（同法3条2号）により指定された者、保険金受取人（保険法44条1項）等など遺言書に記載された当該遺言書により受益を受ける者またはその相続人、本条1項3号に規定された遺言執行者、民法830条に規定された未成年者に無償で財産を与えた者によりその財産の管理について指定された者、指定された未成年後見人または指定された後見監督人、共同相続人の相続分を定めることを委託された者（民法902条）、遺産分割の方法を定めることを指定された者（同法908条）、遺言執行者の指定を委託された者、信託法が掲げる方法によって信託がされた場合に受託者となるべき者・信託管理人として指定された者等である。

　これらの者は、本条1項による遺言書情報証明書の交付を求めることはできるが、遺言書原本の返還請求はできない。関係相続人等が競合する場合に

対応が困難となること、仮に特定の相続人に遺言書原本を返還した場合、隠匿するなどのおそれがあることからである（部会資料17・18頁）。

　遺言書保管所に保管された遺言書情報は、すべての法務大臣が指定する法務局からアクセスできる。したがって、遺言書情報証明書の交付請求は、遺言者が保管申請した当該遺言書（関係遺言書）を現に保管する遺言書保管所以外の遺言書保管所の遺言書保管官に対してもすることができる（本条2項）。

(3)　本条3項は、関係相続人等は、関係遺言書が保管された遺言書保管所の遺言書保管官に対してのみ、その閲覧を求めることができる旨を規定する。本条1項と同様、本条の請求をする者は、その旨を記載した請求書に所定の書類を添付して、遺言書保管者に対して提出しなければならない（本条3項）。

(4)　相続開始後、遺言書保管官が、関係相続人等による本条1項の請求により遺言書情報証明書を交付したり、本条3項の請求により関係遺言書の閲覧をさせたときは、規定に従い、速やかに、当該関係遺言書を保管している旨を当該関係相続人等以外の遺言者の相続人ならびに当該関係遺言書に係る受遺者および指定された遺言執行者（本法4条4項3号イおよびロ）に通知しなければならない（本条5項）。

　もっとも、通知されるべき者が、既に、関係相続人による本条1項および3項の請求がされた事実を知っているときは、本条5項の通知は行われない。

(5)　中長期的な課題として、相続税法における規定などを参照し、本制度を利用している者の死亡届が提出された場合には、法務局から相続人等に対して、相続開始および遺言書の存在を通知する仕組みが整備されることが今後の課題として検討されており、2018年6月15日の衆議院法務委員会および同年7月5日の参議院法務委員会で上記内容を含む附帯決議がされている。なぜなら、相続開始後直ちに遺言書の存在がほぼ確実に相続人に通知され、利便性が高まるからである（第17回部会議事録33頁）。　　　　　〔冷水登紀代〕

10　遺言書保管事実証明書の交付

> **第10条**
> 1　何人も、遺言書保管官に対し、遺言書保管所における関係遺言書の保管の有無並びに当該関係遺言書が保管されている場合には遺言書保管ファイルに記録されている第7条第2項第2号（第4条第4項第1号に係る部分に限る。）及び第4号に掲げる事項を証明した書面（第12条第1項第3号において「遺言書保管事実証明書」という。）の交付を請求することができる。
> 2　前条第2項及び第4項の規定は、前項の請求について準用する。

　何人も関係遺言書の存在があるかどうかは、確認してみないとわからない。そこで、本条は、本法9条と異なり、「何人」も、遺言書保管官に対して遺言書保管所における関係遺言書の保管の有無を確認することができ、当該関係遺言書が保管されている場合には関係遺言書保管事実証明書の交付を請求できる旨を規定する。この手続については、本法9条2項および4項の規定が準用されている。

　なお、本条の趣旨については、本法9条の趣旨を参照されたい。

〔冷水登紀代〕

11　遺言書の検認の適用除外

> **第11条**
> 　民法第1004条第1項の規定は、遺言書保管所に保管されている遺言書については、適用しない。

　自筆証書遺言が存在する場合、家庭裁判所で検認手続が取られる（民法1004条1項）。検認手続においては、遺言の現状の記録、発見時の状況の聴

取、保管状況の聴取等が主に行われる。そして、本法に従い保管されている遺言書については、上記の点は自明である。そのため、保管者や相続人らの負担をかけて検認を義務付ける必要はないと考えられ（部会資料22-2・20頁）、本法に従い保管されている自筆証書遺言については検認を要しない旨が本条に明記された。

　なお、本法の対象外の自筆証書遺言（自宅で保管されていたなど）については、検認手続が必要であることに変わりはない。

〔冷水登紀代〕

12　手　数　料

> **第12条**
> 　次の各号に掲げる者は、物価の状況のほか、当該各号に定める事務に要する実費を考慮して政令で定める額の手数料を納めなければならない。
> 　一　遺言書の保管の申請をする者　遺言書の保管及び遺言書に係る情報の管理に関する事務
> 　二　遺言書の閲覧を請求する者　遺言書の閲覧及びそのための体制の整備に関する事務
> 　三　遺言書情報証明書又は遺言書保管事実証明書の交付を請求する者　遺言書情報証明書又は遺言書保管事実証明書の交付及びそのための体制の整備に関する事務
> 　2　前項の手数料の納付は、収入印紙をもってしなければならない。

　本条1項は、遺言書保管に関する費用については、物価の状況のほか、同項1号から3号の事務に係る実費を考慮して定められる旨、本条2項は、手数料は収入印紙により納付される旨が規定されている。

　なお、本法による保管にかかる費用が、公正証書遺言を作成するよりもさ

らに高額であれば、利用しにくくなる可能性があり、他方であまりに安いと制度の運用に支障を来す可能性あるなどの指摘がされている（第17回部会議事録37頁）。

〔冷水登紀代〕

13　行政手続法の適用除外

> **第13条**
> 　遺言書保管官の処分については、行政手続法（平成5年法律第88号）第2章の規定は、適用しない。

　行政手続法第2章では行政庁に対する申請に対する処分に関する規定がされている。本法は、遺言書保管所と指定される法務局への遺言書保管の申請に関しては、同法が適用除外とされることを規定する。

〔冷水登紀代〕

14　行政機関の保有する情報の公開に関する法律の適用除外

> **第14条**
> 　遺言書保管所に保管されている遺言書及び遺言書保管ファイルについては、行政機関の保有する情報の公開に関する法律（平成11年法律第42号）の規定は、適用しない。

　行政機関が保有する行政文書については、何人も当該行政機関の長に対して開示の請求ができる（行政機関の保有する情報の公開に関する法律3条）。しかし、本条は、本法の趣旨に従い、本法に従い保管されている遺言書および遺言書保管ファイルは、行政機関の保有する情報の公開に関する法律が適用除外となること規定する。したがって、情報公開の対象とされない。

〔冷水登紀代〕

15　行政機関の保有する個人情報の保護に関する法律の適用除外

> **第15条**
> 　遺言書保管所に保管されている遺言書及び遺言書保管ファイルに記録されている保有個人情報（行政機関の保有する個人情報の保護に関する法律（平成15年法律第58号）第2条第5項に規定する保有個人情報をいう。）については、同法第4章の規定は、適用しない。

　行政機関において取り扱う個人情報に関しては、行政機関の保有する個人情報の保護に関する法律の適用を受ける。しかし、本条は、本法に基づき遺言書保管所で保管されている遺言書および遺言書保管ファイルに記録されている保有個人情報は、行政機関の保有する個人情報の保護に関する法律第4章の個人情報の開示等に関する規定は適用されない旨を明記した。

　行政機関が保有する自己の情報については、何人も開示請求権があり（行政機関の保有する個人情報の保護に関する法律12条1項）、未成年者・成年被後見人の法定代理人にも開示請求権を認めているが（同条2項）、遺言書の保管については同規定は適用除外となるため、遺言者が成年被後見人であったとしても、成年後見人もその開示請求をすることはできない。

〔冷水登紀代〕

16　審査請求

> **第16条**
> 1　遺言書保管官の処分に不服がある者又は遺言書保管官の不作為に係る処分を申請した者は、監督法務局又は地方法務局の長に審査請求をすることができる。
> 2　審査請求をするには、遺言書保管官に審査請求書を提出しなければならない。

3　遺言書保管官は、処分についての審査請求を理由があると認め、又は審査請求に係る不作為に係る処分をすべきものと認めるときは、相当の処分をしなければならない。

4　遺言書保管官は、前項に規定する場合を除き、3日以内に、意見を付して事件を監督法務局又は地方法務局の長に送付しなければならない。この場合において、監督法務局又は地方法務局の長は、当該意見を行政不服審査法（平成26年法律第68号）第11条第2項に規定する審理員に送付するものとする。

5　法務局又は地方法務局の長は、処分についての審査請求を理由があると認め、又は審査請求に係る不作為に係る処分をすべきものと認めるときは、遺言書保管官に相当の処分を命じ、その旨を審査請求人のほか利害関係人に通知しなければならない。

6　法務局又は地方法務局の長は、審査請求に係る不作為に係る処分についての申請を却下すべきものと認めるときは、遺言書保管官に当該申請を却下する処分を命じなければならない。

7　第1項の審査請求に関する行政不服審査法の規定の適用については、同法第29条第5項中「処分庁等」とあるのは「審査庁」と、「弁明書の提出」とあるのは「法務局における遺言書の保管等に関する法律（平成30年法律第73号）第16条第4項に規定する意見の送付」と、同法第30条第1項中「弁明書」とあるのは「法務局における遺言書の保管等に関する法律第16条第4項の意見」とする。

　遺言の保管については、遺言書保管官が行う行政行為であるため、遺言書保管官の処分について、本法において規定がなければ、行政不服審査法の規定が適用されるところ、本条は、行政不服審査法の特例を定める。

　本条は、遺言書保管官の処分に不服がある者または遺言書保管官の不作為に係る処分を申請した者に審査請求を認める（本条1項）。審査請求をする

場合には、遺言書保管官に審査請求書を提出して請求をすることになるが（本条2項）、その審査請求が認められるなど本条3項の場合を除き、遺言書保管官は、3日以内に監督法務局の長等に意見を付して送付する（本条4項前段）。この場合、当該意見を行政不服審査法が規定する審理員に送付する（本条4項後段）。審査手続が終了すると、法務局の長は、本条5項ないし本条6項の決定を行う。

なお、本条7項は、本法の審査請求に関して行政不服審査法の規定の適用上の読み替えに関する規定である。

〔冷水登紀代〕

17　行政不服審査法の適用除外

> **第17条**
> 行政不服審査法第13条、第15条第6項、第18条、第21条、第25条第2項から第7項まで、第29条第1項から第4項まで、第31条、第37条、第45条第3項、第46条、第47条、第49条第3項（審査請求に係る不作為が違法又は不当である旨の宣言に係る部分を除く。）から第5項まで及び第52条の規定は、前条第1項の審査請求については、適用しない。

本条は、遺言書保管官の処分に係る審査請求について、行政不服審査上適用しない規定を定める。

〔冷水登紀代〕

18　政令への委任

> **第18条**
> この法律に定めるもののほか、遺言書保管所における遺言書の保管及び情報の管理に関し必要な事項は、政令で定める。

本条は、遺言書保管所における遺言書の保管と情報管理について必要な事項を政令で定める旨の規定である。

〔冷水登紀代〕

19 　附　　　則

> この法律は、公布の日から起算して2年を超えない範囲内において政令で定める日から施行する。

本法の施行日は、施行期日を定める政令において2020年7月10日と定められた。

〔冷水登紀代〕

資料1：【要綱順】民法の一部を改正する法律案要綱と改正条文の対照表

要　綱	改正条文 【　】内は関連条文	本書頁
第一　民法の一部改正		
一　配偶者の居住の権利		
1　配偶者居住権		
（一）　配偶者居住権 　（1）　被相続人の配偶者（以下一において単に「配偶者」という。）は、被相続人の財産に属した建物に相続開始の時に居住していた場合において、次のア又はイのいずれかに該当するときは、その居住していた建物（以下1において「居住建物」という。）の全部について無償で使用及び収益をする権利（以下一において「配偶者居住権」という。）を取得するものとすること。ただし、被相続人が相続開始の時に居住建物を配偶者以外の者と共有していた場合にあっては、この限りでないものとすること。 　　ア　遺産の分割によって配偶者居住権を取得するものとされたとき。 　　イ　配偶者居住権が遺贈の目的とされたとき。	1028条1項	58
（2）　居住建物が配偶者の財産に属することとなった場合であっても、他の者がその共有持分を有するときは、配偶者居住権は、消滅しないものとすること。	1028条2項	58
（3）　二1（注：改正後の民法903条4項：婚姻期間が20年以上の夫婦間における居住用不動産の遺贈又は贈与）の規定は、配偶者居住権の遺贈について準用するものとすること。	1028条3項	58
（二）　審判による配偶者居住権の取得 　遺産の分割の請求を受けた家庭裁判所は、次に掲げる場合に限り、配偶者が配偶者居住権を取得する旨を定めることができるものとすること。 　（1）　共同相続人間に配偶者が配偶者居住権を取得することについて合意が成立しているとき。 　（2）　配偶者が家庭裁判所に対して配偶者居住権の取得を希望する旨を申し出た場合において、居住建物の所有者の受ける不利益の程度を考慮してもなお配偶者の生活を維持するために特に必要があると認めるとき（(1)に掲げる場合を除く。）。	1029条	64
（三）　配偶者居住権の存続期間 　配偶者居住権の存続期間は、配偶者の終身の間とするものとすること。ただし、遺産の分割の協議若しくは遺言に別段の定めがあるとき、又は家庭裁判所が遺産の分割の審判において別段の定めをしたときは、その定めるところによるものとすること。	1030条	67
（四）　配偶者居住権の登記等 　（1）　居住建物の所有者は、配偶者（配偶者居住権を取得した配偶者に限る。以下1において同じ。）に対し、配偶者居住権の設定の登記を備えさせる義務を負うものとすること。	1031条1項	69

(2) 民法第605条の規定は配偶者居住権について、同法第605条の4の規定は配偶者居住権の設定の登記を備えた場合について準用するものとすること。	1031条2項	69
（五）　配偶者による使用及び収益 (1) 配偶者は、従前の用法に従い、善良な管理者の注意をもって、居住建物の使用及び収益をしなければならないものとすること。ただし、従前居住の用に供していなかった部分について、これを居住の用に供することを妨げないものとすること。	1032条1項	72
(2) 配偶者居住権は、譲渡することができないものとすること。	1032条2項	72
(3) 配偶者は、居住建物の所有者の承諾を得なければ、居住建物の改築若しくは増築をし、又は第三者に居住建物の使用若しくは収益をさせることができないものとすること。	1032条3項	72
(4) 配偶者が(1)又は(3)の規定に違反した場合において、居住建物の所有者が相当の期間を定めてその是正の催告をし、その期間内に是正がされないときは、居住建物の所有者は、当該配偶者に対する意思表示によって配偶者居住権を消滅させることができるものとすること。	1032条4項	72
（六）　居住建物の修繕等 (1) 配偶者は、居住建物の使用及び収益に必要な修繕をすることができるものとすること。	1033条1項	75
(2) 居住建物の修繕が必要である場合において、配偶者が相当の期間内に必要な修繕をしないときは、居住建物の所有者は、その修繕をすることができるものとすること。	1033条2項	75
(3) 居住建物が修繕を要するとき（(1)の規定により配偶者が自らその修繕をするときを除く。）、又は居住建物について権利を主張する者があるときは、配偶者は、居住建物の所有者に対し、遅滞なくその旨を通知しなければならないものとすること。ただし、居住建物の所有者が既にこれを知っているときは、この限りでないものとすること。	1033条3項	75
（七）　居住建物の費用の負担 (1) 配偶者は、居住建物の通常の必要費を負担するものとすること。	1034条1項	77
(2) 民法第583条第2項の規定は、(1)の通常の必要費以外の費用について準用するものとすること。	1034条2項	77
（八）　居住建物の返還等 (1) 配偶者は、配偶者居住権が消滅したときは、居住建物の返還をしなければならないものとすること。ただし、配偶者が居住建物について共有持分を有する場合は、居住建物の所有者は、配偶者居住権が消滅したことを理由としては、居住建物の返還を求めることができないものとすること。	1035条1項	78
(2) 民法第599条第1項及び第2項並びに第621条の規定は、(1)本文の規定により配偶者が相続の開始後に附属させた物がある居住建物又は相続の開始後に生じた損傷がある居住建物の返還をする場合について準用するものとすること。	1035条2項	79

（九）　使用貸借及び賃貸借の規定の準用 　　民法第597条第1項及び第3項、第600条、第613条並びに第616条の2の規定は、配偶者居住権について準用するものとすること。		1036条	80
2　配偶者短期居住権			
（一）　配偶者短期居住権			
(1)　配偶者は、被相続人の財産に属した建物に相続開始の時に無償で居住していた場合には、次のア又はイに掲げる区分に応じてそれぞれ当該ア又はイに定める日までの間、その居住していた建物（以下2において「居住建物」という。）の所有権を相続又は遺贈により取得した者（以下2において「居住建物取得者」という。）に対し、居住建物について無償で使用する権利（居住建物の一部のみを無償で使用していた場合にあっては、その部分について無償で使用する権利。以下2において「配偶者短期居住権」という。）を有するものとすること。ただし、配偶者が、相続開始の時において居住建物に係る配偶者居住権を取得したとき、又は民法第891条の規定に該当し若しくは廃除によってその相続権を失ったときは、この限りでないものとすること。 　　ア　居住建物について配偶者を含む共同相続人間で遺産の分割をすべき場合　遺産の分割により居住建物の帰属が確定した日又は相続開始の時から6箇月を経過する日のいずれか遅い日 　　イ　アに掲げる場合以外の場合　(3)の申入れの日から6箇月を経過する日		1037条1項	81
(2)　(1)本文の場合においては、居住建物取得者は、第三者に対する居住建物の譲渡その他の方法により配偶者の居住建物の使用を妨げてはならないものとすること。		1037条2項	81
(3)　居住建物取得者は、(1)アに掲げる場合を除くほか、いつでも配偶者短期居住権の消滅の申入れをすることができるものとすること。		1037条3項	81
（二）　配偶者による使用			
(1)　配偶者（配偶者短期居住権を有する配偶者に限る。以下2において同じ。）は、従前の用法に従い、善良な管理者の注意をもって、居住建物の使用をしなければならないものとすること。		1038条1項	90
(2)　配偶者は、居住建物取得者の承諾を得なければ、第三者に居住建物の使用をさせることができないものとすること。		1038条2項	90
(3)　配偶者が(1)又は(2)の規定に違反したときは、居住建物取得者は、当該配偶者に対する意思表示によって配偶者短期居住権を消滅させることができるものとすること。		1038条3項	90
（三）　配偶者居住権の取得による配偶者短期居住権の消滅 　　配偶者が居住建物に係る配偶者居住権を取得したときは、配偶者短期居住権は、消滅するものとすること。		1039条	91

資料1

（四）　居住建物の返還等 　(1)　配偶者は、（三）に規定する場合を除き、配偶者短期居住権が消滅したときは、居住建物の返還をしなければならないものとすること。ただし、配偶者が居住建物について共有持分を有する場合は、居住建物取得者は、配偶者短期居住権が消滅したことを理由としては、居住建物の返還を求めることができないものとすること。	1040条1項	92
(2)　民法第599条第1項及び第2項並びに第621条の規定は、(1)本文の規定により配偶者が相続の開始後に附属させた物がある居住建物又は相続の開始後に生じた損傷がある居住建物の返還をする場合について準用するものとすること。	1040条2項	92
（五）　使用貸借等の規定の準用 　　民法第597条第3項、第600条、第616条の2、1（五）(2)（注：改正後の民法1032条2項：配偶者居住権の譲渡禁止）、1（六）（注：改正後の民法1033条：居住建物の修繕等）及び1（七）（注：改正後の民法1034条：居住建物の費用の負担）の規定は、配偶者短期居住権について準用するものとすること。	1041条	95
二　遺産分割等に関する見直し		
1　婚姻期間が20年以上の夫婦間における居住用不動産の遺贈又は贈与		
婚姻期間が20年以上の夫婦の一方である被相続人が、他の一方に対し、その居住の用に供する建物又はその敷地について遺贈又は贈与をしたときは、当該被相続人は、その遺贈又は贈与について民法第903条第1項の規定を適用しない旨の意思を表示したものと推定するものとすること。	903条4項	14
2　遺産の分割前における預貯金債権の行使		
各共同相続人は、遺産に属する預貯金債権のうち相続開始の時の債権額の3分の1に当該共同相続人の法定相続分を乗じた額（同一の金融機関に複数の口座を有している場合には、標準的な当面の必要生計費、平均的な葬式の費用の額その他の事情を勘案して金融機関ごとに法務省令で定める額を限度とする。）については、単独でその権利を行使することができるものとすること。この場合において、当該権利の行使をした預貯金債権については、当該共同相続人が遺産の一部の分割によりこれを取得したものとみなすものとすること。	909条の2 【家事事件手続法200条3項】	31 【137】
3　遺産の一部分割		
（一）　共同相続人は、民法第908条の規定により被相続人が遺言で禁じた場合を除き、いつでも、その協議で、遺産の全部又は一部の分割をすることができるものとすること。	907条1項	27
（二）　遺産の分割について、共同相続人間に協議が調わないとき、又は協議をすることができないときは、各共同相続人は、その全部又は一部の分割を家庭裁判所に請求することができるものとすること。ただし、遺産の一部を分割することにより他の共同相続人の利益を害するおそれがある場合におけるその一部の分割については、この限りでないものとすること。	907条2項	27
4　遺産の分割前に遺産に属する財産が処分された場合の遺産の範囲		

（一） 遺産の分割前に遺産に属する財産が処分された場合であっても、共同相続人は、その全員の同意により、当該処分された財産が遺産の分割時に遺産として存在するものとみなすことができるものとすること。	906条の2第1項	21
（二） （一）の規定にかかわらず、共同相続人の一人又は数人により（一）の財産が処分されたときは、当該共同相続人については、（一）の同意を得ることを要しないものとすること。	906条の2第2項	21
三　遺言制度に関する見直し		
1　自筆証書遺言の方式の緩和		
（一）　民法第968条第1項の規定にかかわらず、自筆証書にこれと一体のものとして相続財産（同法第997条第1項に規定する場合における同項に規定する権利を含む。）の全部又は一部の目録を添付する場合には、その目録については、自書することを要しないものとすること。この場合において、遺言者は、その目録の毎葉（自書によらない記載がその両面にある場合にあっては、その両面）に署名し、印を押さなければならないものとすること。	968条2項	37
（二）　自筆証書（（一）の目録を含む。）中の加除その他の変更は、遺言者が、その場所を指示し、これを変更した旨を付記して特にこれに署名し、かつ、その変更の場所に印を押さなければ、その効力を生じないものとすること。	968条3項	37
2　遺贈義務者の引渡義務等		
（一）　遺贈義務者は、遺贈の目的である物又は権利を、相続開始の時（その後に当該物又は権利について遺贈の目的として特定した場合にあっては、その特定した時）の状態で引き渡し、又は移転する義務を負うものとすること。ただし、遺言者がその遺言に別段の意思を表示したときは、その意思に従うものとすること。	998条	42
（二）　民法第1000条を削除するものとすること。	（改正前民法1000条削除）	46
3　遺言執行者の権限の明確化		
（一）　遺言執行者の任務の開始 　遺言執行者は、その任務を開始したときは、遅滞なく、遺言の内容を相続人に通知しなければならないものとすること。	1007条2項	47
（二）　遺言執行者の権利義務 ⑴　遺言執行者は、遺言の内容を実現するため、相続財産の管理その他遺言の執行に必要な一切の行為をする権利義務を有するものとすること。	1012条1項	48
⑵　遺言執行者がある場合には、遺贈の履行は、遺言執行者のみが行うことができるものとすること。	1012条2項	48
（三）　特定財産に関する遺言の執行 ⑴　遺産の分割の方法の指定として遺産に属する特定の財産を共同相続人の一人又は数人に承継させる旨の遺言（以下「特定財産承継遺言」という。）があったときは、遺言執行者は、当該共同相続人が五１（一）（注：改正後の民法899条の2第1項：共同相続における権利の承継の対抗要件）に規定する対抗要件を備えるために必要な行為をすることができるものとすること。	1014条2項	51

(2) (1)の財産が預貯金債権である場合には、遺言執行者は、(1)に規定する行為のほか、その預金又は貯金の払戻しの請求及びその預金又は貯金に係る契約の解約の申入れをすることができるものとすること。ただし、解約の申入れについては、その預貯金債権の全部が特定財産承継遺言の目的である場合に限るものとすること。	1014条3項	52
(3) (1)及び(2)の規定にかかわらず、被相続人が遺言で別段の意思を表示したときは、その意思に従うものとすること。	1014条4項	52
(四) 遺言執行者の行為の効果 　　遺言執行者がその権限内において遺言執行者であることを示してした行為は、相続人に対して直接にその効力を生ずるものとすること。	1015条	54
(五) 遺言執行者の復任権 (1) 遺言執行者は、自己の責任で第三者にその任務を行わせることができるものとすること。ただし、遺言者がその遺言に別段の意思を表示したときは、その意思に従うものとすること。	1016条1項	56
(2) (1)本文の場合において、第三者に任務を行わせることについてやむを得ない事由があるときは、遺言執行者は、相続人に対してその選任及び監督についての責任のみを負うものとすること。	1016条2項	56
四　遺留分制度の見直し		
1　遺留分の帰属及びその割合		
(一) 兄弟姉妹以外の相続人は、遺留分として、2 (一) (注：改正後の民法1043条1項) に規定する遺留分を算定するための財産の価額に、次の(1)又は(2)に掲げる区分に応じてそれぞれ当該(1)又は(2)に定める割合を乗じた額を受けるものとすること。 (1) 直系尊属のみが相続人である場合　3分の1 (2) (1)に掲げる場合以外の場合　2分の1	1042条1項	107
(二) 相続人が数人ある場合には、(一) (1)又は(2)に定める割合は、これらにその各自の法定相続分を乗じた割合とするものとすること。	1042条2項	107
2　遺留分を算定するための財産の価額		
(一) 遺留分を算定するための財産の価額は、被相続人が相続開始の時において有した財産の価額にその贈与した財産の価額を加えた額から債務の全額を控除した額とするものとすること。	1043条1項	108
(二) 条件付きの権利又は存続期間の不確定な権利は、家庭裁判所が選任した鑑定人の評価に従って、その価格を定めるものとすること。	1043条2項	108
3　遺留分を算定するための財産の価額に算入する贈与の範囲		
(一) 贈与は、相続開始前の1年間にしたものに限り、2の規定によりその価額を算入するものとすること。当事者双方が遺留分権利者に損害を加えることを知って贈与をしたときは、1年前の日より前にしたものについても、同様とするものとすること。	1044条1項	109
(二) 民法第904条の規定は、(一)に規定する贈与の価額について準用するものとすること。	1044条2項	109

	（三） 相続人に対する贈与についての（一）の規定の適用については、（一）中「１年」とあるのは「10年」と、「価額」とあるのは「価額（婚姻若しくは養子縁組のため又は生計の資本として受けた贈与の価額に限る。）」とするものとすること。	1044条3項	109
4	負担付贈与がされた場合における遺留分を算定するための財産の価額に算入する贈与の価額等		
	（一） 負担付贈与がされた場合における２（一）（注：改正後の民法1043条１項）に規定する贈与した財産の価額は、その目的の価額から負担の価額を控除した額とするものとすること。	1045条1項	112
	（二） 不相当な対価をもってした有償行為は、当事者双方が遺留分権利者に損害を与えることを知ってしたものに限り、当該対価を負担の価額とする負担付贈与とみなすものとすること。	1045条2項	112
5	遺留分侵害額の請求		
	（一） 遺留分権利者及びその承継人は、受遺者（特定財産承継遺言により財産を承継し又は相続分の指定を受けた相続人を含む。以下四において同じ。）又は受贈者に対し、遺留分侵害額に相当する金銭の支払を請求することができるものとすること。	1046条1項	114
	（二） 遺留分侵害額は、１の規定による遺留分から次の(1)及び(2)に掲げる額を控除し、これに(3)に掲げる額を加算して算定するものとすること。 (1) 遺留分権利者が受けた遺贈又は民法第903条第１項に規定する贈与の価額 (2) 民法第900条から第902条まで、第903条及び第904条の規定により算定した相続分に応じて遺留分権利者が取得すべき遺産の価額 (3) 被相続人が相続開始の時において有した債務のうち、民法第899条の規定により遺留分権利者が承継する債務（6（三）において「遺留分権利者承継債務」という。）の額	1046条2項	114
6	受遺者又は受贈者の負担額		
	（一） 受遺者又は受贈者は、次の(1)から(3)までの定めるところに従い、遺贈（特定財産承継遺言による財産の承継又は相続分の指定による遺産の取得を含む。以下四において同じ。）又は贈与（遺留分を算定するための財産の価額に算入されるものに限る。以下四において同じ。）の目的の価額（受遺者又は受贈者が相続人である場合にあっては、当該価額から１の規定による遺留分として当該相続人が受けるべき額を控除した額）を限度として、遺留分侵害額を負担するものとすること。 (1) 受遺者と受贈者とがあるときは、受遺者が先に負担する。 (2) 受遺者が複数あるとき、又は受贈者が複数ある場合においてその贈与が同時にされたものであるときは、受遺者又は受贈者がその目的の価額の割合に応じて負担する。ただし、遺言者がその遺言に別段の意思を表示したときは、その意思に従う。 (3) 受贈者が複数あるとき（(2)に規定する場合を除く。）は、後の贈与に係る受贈者から順次前の贈与に係る受贈者が負担する。	1047条1項	119

（二） 民法第904条、2（二）（注：改正後の民法1043条2項）及び4（注：改正後の民法1045条）の規定は、（一）に規定する遺贈又は贈与の目的の価額について準用するものとすること。	1047条2項	120
（三） 5（一）の請求を受けた受遺者又は受贈者は、遺留分権利者承継債務について弁済その他の債務を消滅させる行為をしたときは、消滅した債務の額の限度において、遺留分権利者に対する意思表示によって（一）の規定により負担する債務を消滅させることができるものとすること。この場合において、当該行為によって遺留分権利者に対して取得した求償権は、消滅した当該債務の額の限度において消滅するものとすること。	1047条3項	120
（四） 受遺者又は受贈者の無資力によって生じた損失は、遺留分権利者の負担に帰するものとすること。	1047条4項	120
（五） 裁判所は、受遺者又は受贈者の請求により、（一）の規定により負担する債務の全部又は一部の支払につき相当の期限を許与することができるものとすること。	1047条5項	120
7 遺留分侵害額請求権の期間の制限		
遺留分侵害額の請求権は、遺留分権利者が、相続の開始及び遺留分を侵害する贈与又は遺贈があったことを知った時から一年間行使しないときは、時効によって消滅するものとすること。相続開始の時から10年を経過したときも、同様とするものとすること。	1048条	126
8 その他		
民法第1044条を削るものとすること。	（改正前民法1044条削除）	106
五 相続の効力等に関する見直し		
1 共同相続における権利の承継の対抗要件		
（一） 相続による権利の承継は、遺産の分割によるものかどうかにかかわらず、法定相続分を超える部分については、登記、登録その他の対抗要件を備えなければ、第三者に対抗することができないものとすること。	899条の2第1項	2
（二） （一）の権利が債権である場合において、法定相続分を超えて当該債権を承継した共同相続人が当該債権に係る遺言の内容（遺産の分割により当該債権を承継した場合にあっては、当該債権に係る遺産の分割の内容）を明らかにして債務者にその承継の通知をしたときは、共同相続人の全員が債務者に通知をしたものとみなして、（一）の規定を適用するものとすること。	899条の2第2項	3
2 相続分の指定がある場合の債権者の権利の行使		
被相続人が相続開始の時において有した債務の債権者は、民法第902条の規定による相続分の指定がされた場合であっても、各共同相続人に対し、法定相続分に応じてその権利を行使することができるものとすること。ただし、その債権者が共同相続人の一人に対してその指定された相続分に応じた債務の承継を承認したときは、この限りでないものとすること。	902条の2	10
3 遺言執行者がある場合における相続人の行為の効果等		

	（一） 遺言執行者がある場合には、民法第1013条第１項の規定に違反してした行為は、無効とするものとすること。ただし、これをもって善意の第三者に対抗することができないものとすること。	1013条２項	50
	（二） 民法第1013条第１項及び（一）の規定は、相続人の債権者（相続債権者を含む。）が相続財産についてその権利を行使することを妨げないものとすること。	1013条３項	50
六	特別の寄与		
	１ 被相続人に対して無償で療養看護その他の労務の提供をしたことにより被相続人の財産の維持又は増加について特別の寄与をした被相続人の親族（相続人、相続の放棄をした者及び民法第891条の規定に該当し又は廃除によってその相続権を失った者を除く。以下六において「特別寄与者」という。）は、相続の開始後、相続人に対し、特別寄与者の寄与に応じた額の金銭（以下六において「特別寄与料」という。）の支払を請求することができるものとすること。	1050条１項	128
	２ １の規定による特別寄与料の支払について、当事者間に協議が調わないとき、又は協議をすることができないときは、特別寄与者は、家庭裁判所に対して協議に代わる処分を請求することができるものとすること。ただし、特別寄与者が相続の開始及び相続人を知った時から６箇月を経過したとき、又は相続開始の時から１年を経過したときは、この限りでないものとすること。	1050条２項 【家事事件手続法216条の２〜216条の５】	128 【135】
	３ ２本文の場合には、家庭裁判所は、寄与の時期、方法及び程度、相続財産の額その他一切の事情を考慮して、特別寄与料の額を定めるものとすること。	1050条３項 【家事事件手続法216条の２〜216条の５】	128 【135】
	４ 特別寄与料の額は、被相続人が相続開始の時において有した財産の価額から遺贈の価額を控除した残額を超えることができないものとすること。	1050条４項	128
	５ 相続人が数人ある場合には、各相続人は、特別寄与料の額に当該相続人の法定相続分（相続分の指定がある場合は指定相続分）を乗じた額を負担するものとすること。	1050条５項	129
七	その他		
	その他所要の規定の整備をするものとすること。		

〔下村信江〕

資料2:【条文順】民法の一部を改正する法律案要綱と改正条文の対照表

要綱	改正条文 【 】内は関連条文	本書頁
第一　民法の一部改正		
五　相続の効力等に関する見直し		
1　共同相続における権利の承継の対抗要件		
（一）　相続による権利の承継は、遺産の分割によるものかどうかにかかわらず、法定相続分を超える部分については、登記、登録その他の対抗要件を備えなければ、第三者に対抗することができないものとすること。	899条の2第1項	2
（二）　（一）の権利が債権である場合において、法定相続分を超えて当該債権を承継した共同相続人が当該債権に係る遺言の内容（遺産の分割により当該債権を承継した場合にあっては、当該債権に係る遺産の分割の内容）を明らかにして債務者にその承継の通知をしたときは、共同相続人の全員が債務者に通知をしたものとみなして、（一）の規定を適用するものとすること。	899条の2第2項	3
2　相続分の指定がある場合の債権者の権利の行使		
被相続人が相続開始の時において有した債務の債権者は、民法第902条の規定による相続分の指定がされた場合であっても、各共同相続人に対し、法定相続分に応じてその権利を行使することができるものとすること。ただし、その債権者が共同相続人の一人に対してその指定された相続分に応じた債務の承継を承認したときは、この限りでないものとすること。	902条の2	10
二　遺産分割等に関する見直し		
1　婚姻期間が20年以上の夫婦間における居住用不動産の遺贈又は贈与		
婚姻期間が20年以上の夫婦の一方である被相続人が、他の一方に対し、その居住の用に供する建物又はその敷地について遺贈又は贈与をしたときは、当該被相続人は、その遺贈又は贈与について民法第903条第1項の規定を適用しない旨の意思を表示したものと推定するものとすること。	903条4項	14
4　遺産の分割前に遺産に属する財産が処分された場合の遺産の範囲		
（一）　遺産の分割前に遺産に属する財産が処分された場合であっても、共同相続人は、その全員の同意により、当該処分された財産が遺産の分割時に遺産として存在するものとみなすことができるものとすること。	906条の2第1項	21
（二）　（一）の規定にかかわらず、共同相続人の一人又は数人により（一）の財産が処分されたときは、当該共同相続人については、（一）の同意を得ることを要しないものとすること。	906条の2第2項	21
3　遺産の一部分割		
（一）　共同相続人は、民法第908条の規定により被相続人が遺言で禁じた場合を除き、いつでも、その協議で、遺産の全部又は一部の分割をすることができるものとすること。	907条1項	27

	（二） 遺産の分割について、共同相続人間に協議が調わないとき、又は協議をすることができないときは、各共同相続人は、その全部又は一部の分割を家庭裁判所に請求することができるものとすること。ただし、遺産の一部を分割することにより他の共同相続人の利益を害するおそれがある場合におけるその一部の分割については、この限りでないものとすること。	907条2項	27
2	遺産の分割前における預貯金債権の行使		
	各共同相続人は、遺産に属する預貯金債権のうち相続開始の時の債権額の3分の1に当該共同相続人の法定相続分を乗じた額（同一の金融機関に複数の口座を有している場合には、標準的な当面の必要生計費、平均的な葬式の費用の額その他の事情を勘案して金融機関ごとに法務省令で定める額を限度とする。）については、単独でその権利を行使することができるものとすること。この場合において、当該権利の行使をした預貯金債権については、当該共同相続人が遺産の一部の分割によりこれを取得したものとみなすものとすること。	909条の2 【家事事件手続法200条3項】	31 【137】
三	遺言制度に関する見直し		
1	自筆証書遺言の方式の緩和		
	（一） 民法第968条第1項の規定にかかわらず、自筆証書にこれと一体のものとして相続財産（同法第997条第1項に規定する場合における同項に規定する権利を含む。）の全部又は一部の目録を添付する場合には、その目録については、自書することを要しないものとすること。この場合において、遺言者は、その目録の毎葉（自書によらない記載がその両面にある場合にあっては、その両面）に署名し、印を押さなければならないものとすること。	968条2項	37
	（二） 自筆証書（（一）の目録を含む。）中の加除その他の変更は、遺言者が、その場所を指示し、これを変更した旨を付記して特にこれに署名し、かつ、その変更の場所に印を押さなければ、その効力を生じないものとすること。	968条3項	37
2	遺贈義務者の引渡義務等		
	（一） 遺贈義務者は、遺贈の目的である物又は権利を、相続開始の時（その後に当該物又は権利について遺贈の目的として特定した場合にあっては、その特定した時）の状態で引き渡し、又は移転する義務を負うものとすること。ただし、遺言者がその遺言に別段の意思を表示したときは、その意思に従うものとすること。	998条	42
	（二） 民法第1000条を削除するものとすること。	（改正前民法1000条削除）	46
3	遺言執行者の権限の明確化		
	（一） 遺言執行者の任務の開始 　遺言執行者は、その任務を開始したときは、遅滞なく、遺言の内容を相続人に通知しなければならないものとすること。	1007条2項	47
	（二） 遺言執行者の権利義務 (1) 遺言執行者は、遺言の内容を実現するため、相続財産の管理その他遺言の執行に必要な一切の行為をする権利義務を有するものとすること。	1012条1項	48

資料2

(2) 遺言執行者がある場合には、遺贈の履行は、遺言執行者のみが行うことができるものとすること。		1012条2項	48
五 相続の効力等に関する見直し			
3 遺言執行者がある場合における相続人の行為の効果等			
(一) 遺言執行者がある場合には、民法第1013条第1項の規定に違反してした行為は、無効とするものとすること。ただし、これをもって善意の第三者に対抗することができないものとすること。		1013条2項	50
(二) 民法第1013条第1項及び(一)の規定は、相続人の債権者（相続債権者を含む。）が相続財産についてその権利を行使することを妨げないものとすること。		1013条3項	50
三 遺言制限に関する見直し			
3 遺言執行者の権限の明確化			
(三) 特定財産に関する遺言の執行 (1) 遺産の分割の方法の指定として遺産に属する特定の財産を共同相続人の一人又は数人に承継させる旨の遺言（以下「特定財産承継遺言」という。）があったときは、遺言執行者は、当該共同相続人が五1(一)（注：改正民法899条の2第1項：共同相続における権利の承継の対抗要件）に規定する対抗要件を備えるために必要な行為をすることができるものとすること。		1014条2項	51
(2) (1)の財産が預貯金債権である場合には、遺言執行者は、(1)に規定する行為のほか、その預金又は貯金の払戻しの請求及びその預金又は貯金に係る契約の解約の申入れをすることができるものとすること。ただし、解約の申入れについては、その預貯金債権の全部が特定財産承継遺言の目的である場合に限るものとすること。		1014条3項	52
(3) (1)及び(2)の規定にかかわらず、被相続人が遺言で別段の意思を表示したときは、その意思に従うものとすること。		1014条4項	52
(四) 遺言執行者の行為の効果 遺言執行者がその権限内において遺言執行者であることを示してした行為は、相続人に対して直接にその効力を生ずるものとすること。		1015条	54
(五) 遺言執行者の復任権 (1) 遺言執行者は、自己の責任で第三者にその任務を行わせることができるものとすること。ただし、遺言者がその遺言に別段の意思を表示したときは、その意思に従うものとすること。		1016条1項	56
(2) (1)本文の場合において、第三者に任務を行わせることについてやむを得ない事由があるときは、遺言執行者は、相続人に対してその選任及び監督についての責任のみを負うものとすること。		1016条2項	56

一 配偶者の居住の権利			
1 配偶者居住権			
（一） 配偶者居住権			
(1) 被相続人の配偶者（以下一において単に「配偶者」という。）は、被相続人の財産に属した建物に相続開始の時に居住していた場合において、次のア又はイのいずれかに該当するときは、その居住していた建物（以下1において「居住建物」という。）の全部について無償で使用及び収益をする権利（以下一において「配偶者居住権」という。）を取得するものとすること。ただし、被相続人が相続開始の時に居住建物を配偶者以外の者と共有していた場合にあっては、この限りでないものとすること。 　ア　遺産の分割によって配偶者居住権を取得するものとされたとき。 　イ　配偶者居住権が遺贈の目的とされたとき。	1028条1項	58
(2) 居住建物が配偶者の財産に属することとなった場合であっても、他の者がその共有持分を有するときは、配偶者居住権は、消滅しないものとすること。	1028条2項	58
(3) 二1（注：改正後の民法903条4項：婚姻期間が20年以上の夫婦間における居住用不動産の遺贈又は贈与）の規定は、配偶者居住権の遺贈について準用するものとすること。	1028条3項	58
（二） 審判による配偶者居住権の取得 　遺産の分割の請求を受けた家庭裁判所は、次に掲げる場合に限り、配偶者が配偶者居住権を取得する旨を定めることができるものとすること。 (1) 共同相続人間に配偶者が配偶者居住権を取得することについて合意が成立しているとき。 (2) 配偶者が家庭裁判所に対して配偶者居住権の取得を希望する旨を申し出た場合において、居住建物の所有者の受ける不利益の程度を考慮してもなお配偶者の生活を維持するために特に必要があると認めるとき（(1)に掲げる場合を除く。）。	1029条	64
（三） 配偶者居住権の存続期間 　配偶者居住権の存続期間は、配偶者の終身の間とするものとすること。ただし、遺産の分割の協議若しくは遺言に別段の定めがあるとき、又は家庭裁判所が遺産の分割の審判において別段の定めをしたときは、その定めるところによるものとすること。	1030条	67
（四） 配偶者居住権の登記等		
(1) 居住建物の所有者は、配偶者（配偶者居住権を取得した配偶者に限る。以下1において同じ。）に対し、配偶者居住権の設定の登記を備えさせる義務を負うものとすること。	1031条1項	69
(2) 民法第605条の規定は配偶者居住権について、同法第605条の4の規定は配偶者居住権の設定の登記を備えた場合について準用するものとすること。	1031条2項	69

資料2

（五）　配偶者による使用及び収益			
(1)　配偶者は、従前の用法に従い、善良な管理者の注意をもって、居住建物の使用及び収益をしなければならないものとすること。ただし、従前居住の用に供していなかった部分について、これを居住の用に供することを妨げないものとすること。	1032条1項	72	
(2)　配偶者居住権は、譲渡することができないものとすること。	1032条2項	72	
(3)　配偶者は、居住建物の所有者の承諾を得なければ、居住建物の改築若しくは増築をし、又は第三者に居住建物の使用若しくは収益をさせることができないものとすること。	1032条3項	72	
(4)　配偶者が(1)又は(3)の規定に違反した場合において、居住建物の所有者が相当の期間を定めてその是正の催告をし、その期間内に是正がされないときは、居住建物の所有者は、当該配偶者に対する意思表示によって配偶者居住権を消滅させることができるものとすること。	1032条4項	72	
（六）　居住建物の修繕等			
(1)　配偶者は、居住建物の使用及び収益に必要な修繕をすることができるものとすること。	1033条1項	75	
(2)　居住建物の修繕が必要である場合において、配偶者が相当の期間内に必要な修繕をしないときは、居住建物の所有者は、その修繕をすることができるものとすること。	1033条2項	75	
(3)　居住建物が修繕を要するとき（(1)の規定により配偶者が自らその修繕をするときを除く。）、又は居住建物について権利を主張する者があるときは、配偶者は、居住建物の所有者に対し、遅滞なくその旨を通知しなければならないものとすること。ただし、居住建物の所有者が既にこれを知っているときは、この限りでないものとすること。	1033条3項	75	
（七）　居住建物の費用の負担			
(1)　配偶者は、居住建物の通常の必要費を負担するものとすること。	1034条1項	77	
(2)　民法第583条第2項の規定は、(1)の通常の必要費以外の費用について準用するものとすること。	1034条2項	77	
（八）　居住建物の返還等			
(1)　配偶者は、配偶者居住権が消滅したときは、居住建物の返還をしなければならないものとすること。ただし、配偶者が居住建物について共有持分を有する場合は、居住建物の所有者は、配偶者居住権が消滅したことを理由としては、居住建物の返還を求めることができないものとすること。	1035条1項	78	
(2)　民法第599条第1項及び第2項並びに第621条の規定は、(1)本文の規定により配偶者が相続の開始後に附属させた物がある居住建物又は相続の開始後に生じた損傷がある居住建物の返還をする場合について準用するものとすること。	1035条2項	79	
（九）　使用貸借及び賃貸借の規定の準用			
民法第597条第1項及び第3項、第600条、第613条並びに第616条の2の規定は、配偶者居住権について準用するものとすること。	1036条	80	

2 配偶者短期居住権			
(一) 配偶者短期居住権 (1) 配偶者は、被相続人の財産に属した建物に相続開始の時に無償で居住していた場合には、次のア又はイに掲げる区分に応じてそれぞれ当該ア又はイに定める日までの間、その居住していた建物（以下2において「居住建物」という。）の所有権を相続又は遺贈により取得した者（以下2において「居住建物取得者」という。）に対し、居住建物について無償で使用する権利（居住建物の一部のみを無償で使用していた場合にあっては、その部分について無償で使用する権利。以下2において「配偶者短期居住権」という。）を有するものとすること。ただし、配偶者が、相続開始の時において居住建物に係る配偶者居住権を取得したとき、又は民法第891条の規定に該当し若しくは廃除によってその相続権を失ったときは、この限りでないものとすること。 　ア　居住建物について配偶者を含む共同相続人間で遺産の分割をすべき場合　遺産の分割により居住建物の帰属が確定した日又は相続開始の時から6箇月を経過する日のいずれか遅い日 　イ　アに掲げる場合以外の場合　(3)の申入れの日から6箇月を経過する日	1037条1項	81	
(2) (1)本文の場合においては、居住建物取得者は、第三者に対する居住建物の譲渡その他の方法により配偶者の居住建物の使用を妨げてはならないものとすること。	1037条2項	81	
(3) 居住建物取得者は、(1)アに掲げる場合を除くほか、いつでも配偶者短期居住権の消滅の申入れをすることができるものとすること。	1037条3項	81	
(二) 配偶者による使用 (1) 配偶者（配偶者短期居住権を有する配偶者に限る。以下2において同じ。）は、従前の用法に従い、善良な管理者の注意をもって、居住建物の使用をしなければならないものとすること。	1038条1項	90	
(2) 配偶者は、居住建物取得者の承諾を得なければ、第三者に居住建物の使用をさせることができないものとすること。	1038条2項	90	
(3) 配偶者が(1)又は(2)の規定に違反したときは、居住建物取得者は、当該配偶者に対する意思表示によって配偶者短期居住権を消滅させることができるものとすること。	1038条3項	90	
(三) 配偶者居住権の取得による配偶者短期居住権の消滅 　配偶者が居住建物に係る配偶者居住権を取得したときは、配偶者短期居住権は、消滅するものとすること。	1039条	91	
(四) 居住建物の返還等 (1) 配偶者は、(三)に規定する場合を除き、配偶者短期居住権が消滅したときは、居住建物の返還をしなければならないものとすること。ただし、配偶者が居住建物について共有持分を有する場合は、居住建物取得者は、配偶者短期居住権が消滅したことを理由としては、居住建物の返還を求めることができないものとすること。	1040条1項	92	

資料2

（2）　民法第599条第1項及び第2項並びに第621条の規定は、(1)本文の規定により配偶者が相続の開始後に附属させた物がある居住建物又は相続の開始後に生じた損傷がある居住建物の返還をする場合について準用するものとすること。	1040条2項	92
（五）　使用貸借等の規定の準用 　　民法第597条第3項、第600条、第616条の2、1（五）(2)（注：改正後の民法1032条2項：配偶者居住権の譲渡禁止）、1（六）（注：改正後の民法1033条：居住建物の修繕等）及び1（七）（注：改正後の民法1034条：居住建物の費用の負担）の規定は、配偶者短期居住権について準用するものとすること。	1041条	95
四　遺留分制度の見直し		
1　遺留分の帰属及びその割合		
（一）　兄弟姉妹以外の相続人は、遺留分として、2（一）（注：改正後の民法1043条1項）に規定する遺留分を算定するための財産の価額に、次の(1)又は(2)に掲げる区分に応じてそれぞれ当該(1)又は(2)に定める割合を乗じた額を受けるものとすること。 　(1)　直系尊属のみが相続人である場合　3分の1 　(2)　(1)に掲げる場合以外の場合　2分の1	1042条1項	107
（二）　相続人が数人ある場合には、（一）(1)又は(2)に定める割合は、これらにその各自の法定相続分を乗じた割合とするものとすること。	1042条2項	107
2　遺留分を算定するための財産の価額		
（一）　遺留分を算定するための財産の価額は、被相続人が相続開始の時において有した財産の価額にその贈与した財産の価額を加えた額から債務の全額を控除した額とするものとすること。	1043条1項	108
（二）　条件付きの権利又は存続期間の不確定な権利は、家庭裁判所が選任した鑑定人の評価に従って、その価格を定めるものとすること。	1043条2項	108
3　遺留分を算定するための財産の価額に算入する贈与の範囲		
（一）　贈与は、相続開始前の一年間にしたものに限り、2の規定によりその価額を算入するものとすること。当事者双方が遺留分権利者に損害を加えることを知って贈与をしたときは、1年前の日より前にしたものについても、同様とするものとすること。	1044条1項	109
（二）　民法第904条の規定は、（一）に規定する贈与の価額について準用するものとすること。	1044条2項	109
（三）　相続人に対する贈与についての（一）の規定の適用については、（一）中「1年」とあるのは「10年」と、「価額」とあるのは「価額（婚姻若しくは養子縁組のため又は生計の資本として受けた贈与の価額に限る。）」とするものとすること。	1044条3項	109
8　その他		
民法第1044条を削るものとすること。	（改正前民法1044条削除）	106

4　負担付贈与がされた場合における遺留分を算定するための財産の価額に算入する贈与の価額等		
（一）　負担付贈与がされた場合における2（一）（注：改正後の民法1043条1項）に規定する贈与した財産の価額は、その目的の価額から負担の価額を控除した額とするものとすること。	1045条1項	112
（二）　不相当な対価をもってした有償行為は、当事者双方が遺留分権利者に損害を与えることを知ってしたものに限り、当該対価を負担の価額とする負担付贈与とみなすものとすること。	1045条2項	112
5　遺留分侵害額の請求		
（一）　遺留分権利者及びその承継人は、受遺者（特定財産承継遺言により財産を承継し又は相続分の指定を受けた相続人を含む。以下四において同じ。）又は受贈者に対し、遺留分侵害額に相当する金銭の支払を請求することができるものとすること。	1046条1項	114
（二）　遺留分侵害額は、1の規定による遺留分から次の(1)及び(2)に掲げる額を控除し、これに(3)に掲げる額を加算して算定するものとすること。 (1)　遺留分権利者が受けた遺贈又は民法第903条第1項に規定する贈与の価額 (2)　民法第900条から第902条まで、第903条及び第904条の規定により算定した相続分に応じて遺留分権利者が取得すべき遺産の価額 (3)　被相続人が相続開始の時において有した債務のうち、民法第899条の規定により遺留分権利者が承継する債務（6（三）において「遺留分権利者承継債務」という。）の額	1046条2項	114
6　受遺者又は受贈者の負担額		
（一）　受遺者又は受贈者は、次の(1)から(3)までの定めるところに従い、遺贈（特定財産承継遺言による財産の承継又は相続分の指定による遺産の取得を含む。以下四において同じ。）又は贈与（遺留分を算定するための財産の価額に算入されるものに限る。以下四において同じ。）の目的の価額（受遺者又は受贈者が相続人である場合にあっては、当該価額から1の規定による遺留分として当該相続人が受けるべき額を控除した額）を限度として、遺留分侵害額を負担するものとすること。 (1)　受遺者と受贈者とがあるときは、受遺者が先に負担する。 (2)　受遺者が複数あるとき、又は受贈者が複数ある場合においてその贈与が同時にされたものであるときは、受遺者又は受贈者がその目的の価額の割合に応じて負担する。ただし、遺言者がその遺言に別段の意思を表示したときは、その意思に従う。 (3)　受贈者が複数あるとき（(2)に規定する場合を除く。）は、後の贈与に係る受贈者から順次前の贈与に係る受贈者が負担する。	1047条1項	119
（二）　民法第904条、2（二）（注：改正後の民法1043条2項）及び4（注：改正後の民法1045条）の規定は、（一）に規定する遺贈又は贈与の目的の価額について準用するものとすること。	1047条2項	120

資料2

	（三）　5（一）の請求を受けた受遺者又は受贈者は、遺留分権利者承継債務について弁済その他の債務を消滅させる行為をしたときは、消滅した債務の額の限度において、遺留分権利者に対する意思表示によって（一）の規定により負担する債務を消滅させることができるものとすること。この場合において、当該行為によって遺留分権利者に対して取得した求償権は、消滅した当該債務の額の限度において消滅するものとすること。	1047条3項	120
	（四）　受遺者又は受贈者の無資力によって生じた損失は、遺留分権利者の負担に帰するものとすること。	1047条4項	120
	（五）　裁判所は、受遺者又は受贈者の請求により、（一）の規定により負担する債務の全部又は一部の支払につき相当の期限を許与することができるものとすること。	1047条5項	120
7	遺留分侵害額請求権の期間の制限		
	遺留分侵害額の請求権は、遺留分権利者が、相続の開始及び遺留分を侵害する贈与又は遺贈があったことを知った時から1年間行使しないときは、時効によって消滅するものとすること。相続開始の時から10年を経過したときも、同様とするものとすること。	1048条	126
六	特別の寄与		
1	被相続人に対して無償で療養看護その他の労務の提供をしたことにより被相続人の財産の維持又は増加について特別の寄与をした被相続人の親族（相続人、相続の放棄をした者及び民法第891条の規定に該当し又は廃除によってその相続権を失った者を除く。以下六において「特別寄与者」という。）は、相続の開始後、相続人に対し、特別寄与者の寄与に応じた額の金銭（以下六において「特別寄与料」という。）の支払を請求することができるものとすること。	1050条1項	128
2	1の規定による特別寄与料の支払について、当事者間に協議が調わないとき、又は協議をすることができないときは、特別寄与者は、家庭裁判所に対して協議に代わる処分を請求することができるものとすること。ただし、特別寄与者が相続の開始及び相続人を知った時から6箇月を経過したとき、又は相続開始の時から1年を経過したときは、この限りでないものとすること。	1050条2項 【家事事件手続法216条の2～216条の5】	128 【135】
3	2本文の場合には、家庭裁判所は、寄与の時期、方法及び程度、相続財産の額その他一切の事情を考慮して、特別寄与料の額を定めるものとすること。	1050条3項 【家事事件手続法216条の2～216条の5】	128 【135】
4	特別寄与料の額は、被相続人が相続開始の時において有した財産の価額から遺贈の価額を控除した残額を超えることができないものとすること。	1050条4項	128
5	相続人が数人ある場合には、各相続人は、特別寄与料の額に当該相続人の法定相続分（相続分の指定がある場合は指定相続分）を乗じた額を負担するものとすること。	1050条5項	129
七	その他		
	その他所要の規定の整備をするものとすること。		

〔下村信江〕

資料3

資料3：家事事件手続法の一部を改正する法律案要綱と改正条文の対照表

要綱	改正条文	関連条文	本書頁
第二　家事事件手続法の一部改正			
一　遺産分割前の預貯金債権の仮分割の仮処分			
家事事件手続法第200条第2項に規定するもののほか、家庭裁判所は、遺産の分割の審判又は調停の申立てがあった場合において、相続財産に属する債務の弁済、相続人の生活費の支弁その他の事情により遺産に属する預貯金債権（民法第466条の5第1項に規定する預貯金債権をいう。）を当該申立てをした者又は相手方が行使する必要があると認めるときは、その申立てにより、遺産に属する特定の預貯金債権の全部又は一部をその者に仮に取得させることができるものとすること。ただし、他の共同相続人の利益を害するときは、この限りでないものとすること。	200条3項	民法909条の2	137
二　特別の寄与に関する審判事件			
1　管轄 特別の寄与に関する処分の審判事件は、相続が開始した地を管轄する家庭裁判所の管轄に属するものとすること。	216条の2	民法1050条	135
2　給付命令 家庭裁判所は、特別の寄与に関する処分の審判において、当事者に対し、金銭の支払を命ずることができるものとすること。	216条の3	民法1050条	135
3　即時抗告 次の（一）又は（二）に掲げる審判に対しては、当該（一）又は（二）に定める者は、即時抗告をすることができるものとすること。 （一）　特別の寄与に関する処分の審判　　申立人及び相手方 （二）　特別の寄与に関する処分の申立てを却下する審判　申立人	216条の4	民法1050条	135
4　特別の寄与に関する審判事件を本案とする保全処分 家庭裁判所（家事事件手続法第105条第2項の場合にあっては、高等裁判所）は、特別の寄与に関する処分についての審判又は調停の申立てがあった場合において、強制執行を保全し、又は申立人の急迫の危険を防止するため必要があるときは、当該申立てをした者の申立てにより、特別の寄与に関する処分の審判を本案とする仮差押え、仮処分その他の必要な保全処分を命ずることができるものとすること。	216条の5	民法1050条	135
三　その他			
その他所要の規定の整備をするものとすること。			

〔下村信江〕

資料4

資料4：民法（相続関係）部会の資料等一覧

会　議	区　分	検討項目	部会資料および参考資料等
第1回（平成27年4月21日）	総　論	相続法制の見直しに当たっての検討課題	部会資料1　参考資料1 参考資料2
第2回（平成27年5月19日）	第1読会(1)	1　遺産分割が終了するまでの間の短期的な居住権を保護するための方策 2　遺産分割終了後の長期的な居住権を保護するための方策 3　その他	部会資料2　参考資料3
第3回（平成27年6月16日）	第1読会(2)	1　配偶者の貢献に応じた遺産分割の実現 2　寄与分制度の見直し 3　相続人以外の者の貢献の考慮	部会資料3
第4回（平成27年7月14日）	第1読会(3)	1　遺留分減殺請求権の法的性質についての見直し 2　遺留分の範囲等についての見直し 3　その他	部会資料4
第5回（平成27年9月8日）	第1読会(4)	1　可分債権の遺産分割における取扱い 2　自筆証書遺言の方式の見直し 3　遺言事項及び遺言の効力等に関する見直し 4　遺産分割事件と遺留分に関する事件の一回的解決を図るための方策	部会資料5　参考資料4 委員等提供資料
第6回（平成27年10月20日）	第2読会(1)	1　配偶者の居住権を短期的に保護するための方策 2　配偶者の居住権を長期的に保護するための方策 3　自筆証書遺言を保管する制度の創設 4　遺言執行者の権限の明確化等 5　その他	部会資料6
第7回（平成27年11月17日）	第2読会(2)	1　配偶者の貢献に応じた遺産分割を実現するための方策 2　被相続人の療養看護等に努めた者に寄与分を認めるための方策 3　相続人以外の者の貢献を考慮するための方策	部会資料7
第8回（平成27年12月15日）	第2読会(3)	1　遺留分減殺請求権の法的性質についての見直し 2　遺留分の算定方法等の見直し 3　その他	部会資料8

第9回（平成28年1月19日）	第2読会(4)	1 可分債権の遺産分割における取扱い 2 一部分割の要件及び残余の遺産分割における規律の明確化 3 自筆証書遺言の方式の見直し 4 遺言事項及び遺言の効力等に関する見直し 5 自筆証書遺言を保管する制度の創設について 6 遺言執行者の権限の明確化等	部会資料9 委員等提供資料
第10回（平成28年2月16日）	第2読会(5)	1 遺言執行者の権限の明確化等 2 遺留分減殺請求権の法的性質についての見直し 3 遺留分の算定方法等の見直し 4 相続人以外の者の貢献を考慮するための方策 5 遺贈の担保責任	部会資料10
第11回（平成28年4月12日）	中間試案(1)	中間試案の取りまとめに向けた議論のたたき台	部会資料11　参考資料5
第12回（平成28年5月17日）	中間試案(2)	民法（相続関係）等の改正に関する中間試案のたたき台	部会資料12　参考資料6
第13回（平成28年6月21日）	中間試案(3)	民法（相続関係）等の改正に関する中間試案（案）	部会資料13 委員等提供資料
		○民法（相続関係）等の改正に関する中間試案 ○民法（相続関係）等の改正に関する中間試案の補足説明 ○参考資料　自筆証書遺言の方式（全文自書）の緩和方策として考えられる例	
第14回（平成28年10月18日）	第3読会(1)	1 中間試案に対して寄せられた意見の概要報告 2 中間試案の項目ごとの今後の検討の方向性	部会資料14　参考資料7 参考資料8
第15回（平成28年11月22日）	第3読会(2)	1 配偶者の居住権を短期的に保護するための方策 2 配偶者の居住権を長期的に保護するための方策 3 配偶者に対する持戻しの免除の意思表示の推定規定について	部会資料15　参考資料9 参考資料10

資料4

第16回（平成28年12月20日）	第3読会(3)	1　遺留分減殺請求権の効力及び法的性質の見直しについて 2　遺留分の算定方法の見直しについて 3　遺留分侵害額の算定における債務の取扱いについて	部会資料16　資料
第17回（平成29年1月24日）	第3読会(4)	1　自筆証書遺言の方式緩和 2　遺言事項及び遺言の効力等に関する見直し 3　自筆証書遺言の保管制度の創設 4　遺言執行者の権限の明確化等	部会資料17　参考資料
第18回（平成29年2月28日）	第3読会(5)	1　配偶者保護のための方策 2　可分債権等の遺産分割における取扱い 3　仮払い制度等の創設・要件明確化 4　一部分割の要件及び残余の遺産分割における規律の明確化等	部会資料18　参考資料 委員等提出資料
第19回（平成29年3月28日）	第3読会(6)	1　相続人以外の者の貢献を考慮するための方策 2　長期居住権の内容及び成立要件 3　長期居住権の簡易な評価方法 4　遺言事項及び遺言の効力等に関する見直し	部会資料19－1 部会資料19－2 参考資料　参考人提出資料
第20回（平成29年4月25日）	第3読会(7)	1　遺産分割に関する見直し 　(1)　仮払い制度等の創設・要件明確化 　(2)　相続開始後の共同相続人による財産処分について 2　遺言執行者の権限の明確化 3　遺留分制度に関する見直し 　(1)　遺留分減殺請求権の効力及び法的性質の見直し 　(2)　遺留分の算定方法の見直し（相続人に対する生前贈与の範囲に関する規律）	部会資料20 委員等提出資料

第21回（平成29年5月23日）	第3読会(8)	1 遺留分制度に関する見直し 　(1) 遺留分減殺請求権の効力及び法的性質の見直し 　(2) 遺留分の算定方法の見直し（相続人に対する生前贈与の範囲に関する規律） 2 配偶者の居住権を保護するための方策 　(1) 配偶者の居住権を短期的に保護するための方策 　(2) 配偶者の居住権を長期的に保護するための方策 3 遺産分割等に関する見直し 　(1) 一部分割について 　(2) 相続開始後の共同相続人による財産処分について 4 相続の効力等（権利及び義務の承継等）に関する見直し 　(1) 権利の承継に関する規律 　(2) 義務の承継に関する規律 　(3) 遺言執行者がある場合における相続人の行為の効力等	部会資料20 部会資料20－2 部会資料21
第22回（平成29年6月20日）	第3読会(9)	民法（相続関係）等の改正に関する要綱案のたたき台	部会資料22－1 部会資料22－2
第23回（平成29年7月18日）	第3読会(10)	民法（相続関係）等の改正に関する要綱案のたたき台	部会資料23－1 部会資料23－2 部会資料23－3　参考資料
		○中間試案後に追加された民法（相続関係）等の改正に関する試案（追加試案） ○中間試案後に追加された民法（相続関係）等の改正に関する試案（追加試案）の補足説明	
第24回（平成29年10月17日）	第3読会(11)	民法（相続関係）等の改正に関する要綱案のたたき台	部会資料24－1 部会資料24－2 部会資料24－3　参考資料
第25回（平成29年12月19日）	第3読会(12)	民法（相続関係）等の改正に関する要綱案のたたき台	部会資料25－1 部会資料25－2 参考資料　参考資料
第26回（平成30年1月16日）	第3読会(13)	民法（相続関係）等の改正に関する要綱案（案）	部会資料26－1 部会資料26－2

民法（相続関係）改正法の概要

2019年6月13日　第1刷発行
2019年7月22日　第2刷発行

編著者　潮　見　佳　男
発行者　加　藤　一　浩

〒160-8520　東京都新宿区南元町19
発　行　所　一般社団法人 金融財政事情研究会
企画・制作・販売　株式会社きんざい
編集部　TEL 03(3355)1721　FAX 03(3355)3763
販売受付　TEL 03(3358)2891　FAX 03(3358)0037
URL https://www.kinzai.jp/

校正：株式会社友人社／印刷：三松堂株式会社

・本書の内容の一部あるいは全部を無断で複写・複製・転訳載すること、および磁気または光記録媒体、コンピュータネットワーク上等へ入力することは、法律で認められた場合を除き、著作者および出版社の権利の侵害となります。
・落丁・乱丁本はお取替えいたします。定価はカバーに表示してあります。

ISBN978-4-322-13462-9